JÜRGEN GRIMM
LA FONTAINES FABELN

ERTRÄGE DER FORSCHUNG

Band 57

JÜRGEN GRIMM

LA FONTAINES FABELN

1976

WISSENSCHAFTLICHE BUCHGESELLSCHAFT

DARMSTADT

CIP-Kurztitelaufnahme der Deutschen Bibliothek

Grimm, Jürgen
La Fontaines Fabeln. — 1. Aufl. — Darmstadt:
Wissenschaftliche Buchgesellschaft, 1976.
  (Erträge der Forschung; Bd. 57)
ISBN 3-534-07128-X

wb Bestellnummer 7128

© 1976 by Wissenschaftliche Buchgesellschaft, Darmstadt
Satz: Maschinensatz Gutowski, Weiterstadt
Druck und Einband: Wissenschaftliche Buchgesellschaft, Darmstadt
Printed in Germany
Schrift: Linotype Garamond, 9/11

ISBN 3-534-07128-X

INHALT

Vorbemerkung VII

I. Die Aufnahme der Fabeln bei den Zeitgenossen . . 1

II. Die ästhetisch orientierte Fabelinterpretation . . . 8

III. Die sozialkritische Tradition der Fabeln 23
   a) Griechische Tierdichtung, Äsop, Phädrus, mittelalterliche Tierdichtung 23
   b) Fabeltheorie bei La Fontaines Vorläufern und Zeitgenossen 29
   c) Selbstverständnis La Fontaines: plaire et instruire 36

IV. Die inhaltsbezogene Interpretation der Fabeln . . 41
   a) Die Aufnahme der Fabeln zur Zeit der französischen Revolution 41
   b) Die biographisch-historische La Fontaine-Forschung: Walckenaer, S. M. Girardin, Taine . . . 46
   c) Voßlers La Fontaine-Monographie 52
   d) Die Konkretisierung historischer Einzelbezüge . 55
   e) Die Unterschiede der 1. zur 2. Fabelsammlung; die Interpretation A. Adams 60
   f) Die „Politisierung" des gesamten Fabelwerkes: Couton, Fabre, Jasinski; methodische Überlegungen zur La Fontaine-Forschung 70
   g) La Fontaine – Chronist seiner Zeit 92

V. Interpretation der Fabel *Le Combat des Rats et des Belettes* (IV 6) 96

Abkürzungsverzeichnis 105

Bibliographie 107

Register 115
   1. Namen 115
   2. Sachen (Auswahl) 118

VORBEMERKUNG

Leben und Werk La Fontaines sind durch eine Fülle kaum lösbarer Widersprüche gekennzeichnet. Wie Molière, Racine, Boileau u. a. ist auch La Fontaine bürgerlicher Herkunft; er ist 1621 in Château-Thierry in der Champagne geboren und vermutlich dort aufgewachsen. Bürgerliche Denkformen sind ihm von früh an vertraut. Es ist daher kein Wunder, daß sein Werk, vor allem die Fabeln, über weite Strecken hin von bürgerlichen Verhaltensnormen geprägt ist. Seit seinen ersten Aufenthalten in Paris kommt La Fontaine mit einem gesellschaftlichen Milieu in Kontakt, das vorwiegend adliger, aber auch „großbürgerlicher" Natur ist. Zunächst verkehrt er im Kreis des Finanzministers Foucquet, der in Vaux–Le–Vicomte einen eigenen Hof unterhält und einer der besten Kunstkenner und vermögendsten Mäzene seiner Zeit ist. Nach dessen Verhaftung und Verurteilung findet La Fontaine einen Lebensunterhalt als « gentilhomme servant » bei der « vieille Madame », d. h. der Margarete von Lothringen, Witwe des Gaston d'Orleans. Allmählich öffnen sich ihm auch die Salons des seit dem Scheitern der Fronde zunehmend in eine politische Randstellung gedrängten Schwertadels. Doch kann er sich auch beim Hof Eingang verschaffen. Zugleich gewinnt er Freunde und Gönner in den Kreisen des Verwaltungs- und Finanzbürgertums. In diesen bei aller Homogenität (« La Cour et la Ville ») doch durch verschiedenartige Interessen gekennzeichneten Kreisen ist das Primärpublikum seiner Fabeln zu sehen. Dessen moralische, politische und ästhetische Vorstellungen bestimmen weitgehend seine Fabelproduktion. Hier liegt auch eine der Hauptschwierigkeiten bei deren Interpretation: Einerseits sind sie stark geprägt von einem bürgerlichen Wertekanon; auf der anderen Seite übernimmt La Fontaine weitgehend das Normensystem jenes Publikums, zu dem er selbst erst seit seiner Aufnahme in den Kreis um Foucquet Zugang gefunden hat. Vor allem in den Fabeln ab 1678 kann man einen häufigen Perspektivewechsel beobachten: Schlagwortartig gesagt: Hier die Perspektive des der Provinz und dem Bürgertum entstammenden La Fontaine; dort die Perspektive des sog. Salondichters, der seine Vorstellungen dem Normensystem seines vorwiegend adeligen Publikums annähert und dessen Wertung übernimmt. Man kommt bei einer durchgängigen Lektüre der Fabeln aus den Widersprüchen nicht heraus. Kein Gedanke, kaum ein Thema, das auf den ersten Blick fortlaufend und einer einsichtigen Logik entsprechend entwickelt würde. Hinzu kommt, daß La Fontaine als Autor hinter seinem Werk völlig zurücktritt. Clarac bezeichnet ihn als « le plus discret des poètes »; und Adam schreibt: « La Fontaine reste impénétrable » [1].

Es ist einsichtig, daß die im Werk angelegten Widersprüche sich auch in der Geschichte seiner Rezeption widerspiegeln, daß ein so geartetes Werk den verschiedenen Interpreten einen je verschiedenen Interpretationsansatz ermöglicht. Zu den mit der Wirkungsgeschichte eines jeden Werkes verbundenen Schwierigkeiten kommen im Falle La Fontaines autor- und werkspezifische hinzu. Eine der verwirrendsten ist die weitgehende Nivellierung der Fabeln zu Kinder- und Schulbuchlektüre. Sicherlich haben Äußerungen La Fontaines in den Vorreden seiner Fabelsammlungen und die Widmung der 1. Sammlung und des 12. Buches an Kinder diese Entwicklung nicht unerheblich begünstigt. Wird hier aber nicht ein durch den Humanismus geprägtes Verständnis der Funktion der Fabelgattung im Schulunterricht allzu summarisch auch La Fontaine zugrunde gelegt? Hinzu kommt die weitgehende Konzentration großer Teile der Kritik auf einen einzigen Aspekt des Werkes, nämlich den ästhetischen, unter weitgehender Ausklammerung jeglicher gehaltlicher Würdigung. Auch dies läßt sich durch Äußerungen La Fontaines rechtfertigen, ist jedoch eine einseitige Sicht seines

---

[1] Clarac, *La Fontaine* 144; Adam, *Histoire* IV 7.

Werkes. Diese Widersprüche zu entwirren, möchte die vorliegende Darstellung beitragen. Ihr Ansatzpunkt ist über das Gesagte hinaus in folgenden Beobachtungen zu sehen: Die deutschsprachige Literatur zu La Fontaine ist außerordentlich spärlich. Die einzige deutsche La Fontaine-Monographie stammt von Voßler. Sie ist einseitig orientiert und darf, mit Ausnahme einiger Stilanalysen, als überholt angesehen werden. Demjenigen, der sie auch heute noch in die Hand nimmt (und dies ist der Großteil der Studenten, die sich mit La Fontaine befassen), wird ein La Fontaine-Bild vermittelt, das bereits zum Zeitpunkt seines Entstehens auf dem Hintergrund der gleichzeitigen Sekundärliteratur fragwürdig gewesen ist. Erst recht entspricht es nicht den Ergebnissen der neueren Forschung. Hier gilt es, viel aufzuarbeiten. Das Ziel setzt sich die folgende Arbeit. Sie kann keine Rezeptionsgeschichte der La Fontaine'schen Fabeln sein. Auch wissenschaftsgeschichtliche Fragestellungen konnten nur am Rande berücksichtigt werden. Skizziert und systematisiert werden sollten die Hauptrichtungen der Fabelinterpretation. Dabei wurde vor allem auf die Darstellung der wichtigsten Bestrebungen der neueren La Fontaine-Forschung Gewicht gelegt. Denn hier läßt sich endlich eine Neuorientierung auf den Gehalt der Fabeln beobachten, was keineswegs mit einem Hintanstellen oder gar einer Geringschätzung ihrer ästhetischen Qualitäten gleichzusetzen ist. Wenn dieser Aspekt in dem hier vorgelegten Forschungsbericht besonders hervorgehoben wird, so geschieht dies absichtlich und polemisch aus der Einsicht heraus, daß der Erkenntniswert der immer subtiler werdenden formal-ästhetischen Fabelanalysen vielfach gering ist und auf diesem Wege die La Fontaine-Forschung zunehmend in eine Sackgasse zu geraten droht. Dem im Gegensatz dazu berechtigt und notwendig erscheinenden historisch-soziologischen Interpretationsansatz versucht die abschließende Interpretation der Fabel *Le Combat des Rats et des Belettes* (IV 6) ebenso Rechnung zu tragen wie die Bibliographie, die bewußt den Rahmen einer Bibliographie zu La Fontaine bzw. zur Fabel(-gattung) allein übersteigt. Schließlich wurde dem Personenregister zur leichteren inhaltlichen Orientierung ein ausgewähltes Sachregister zugefügt.[2]

---

[2] Zur *Biographie La Fontaines* cf., über die vor allem für Einzelfragen immer noch unerläßlichen Arbeiten von Walckenaer und Roche (Bibl.) hinaus, Clarac, *La Fontaine*, der die zuverlässigste Biographie des Dichters ist; ferner die einleitenden Kapitel bei Adam, *Histoire* IV sowie, für die Jahre bis 1668, Jasinski, *Premier Recueil* I 9–195; die übersichtlichste stichwortartige Gesamtdarstellung der Vita La Fontaines findet sich in: *La Fontaine*, OD (Pléiade Bd. 62), Ed. P. Clarac, « Tableau chronologique de la vie et des ouvrages de La Fontaine » S. XXI–XLVIII; – zu den *Zirkeln*, in denen La Fontaine verkehrte, cf. zuletzt Mackey, *La Fontaine and his friends*; – zum *Publikum* der Epoche allgemein cf. die Aufsätze von Auerbach, *Publikum* sowie Krauss, *Gesinnung*; – zum zeit- und sozialgeschichtlichen Hintergrund der Epoche cf. die Arbeiten von N. Elias, W. Hubatsch, H. Méthivier, R. Mousnier, Ph. Sagnac sowie vor allem den von F. Braudel und E. Labrousse betreuten Band 2 der *Histoire économique et sociale de la France*.

I. DIE AUFNAHME DER FABELN BEI DEN ZEITGENOSSEN

In der Einleitungsfabel des 9. Buches kommt La Fontaines Stolz über den Erfolg seiner bisher erschienenen Tierfabeln zum Ausdruck:

> Grâce aux Filles de Mémoire,
> J'ai chanté des animaux;
> Peut-être d'autres Héros
> M'auraient acquis moins de gloire.
> (IX 1, 1–4)

In der Tat fanden La Fontaines Fabeln bei seinen Zeitgenossen eine begeisterte Aufnahme, die sich an drei Faktoren ablesen läßt: der oft mehrfachen Auflage der gleichen Sammlung, vor allem der ersten; sodann dem Auftreten von Nachahmern und Konkurrenten; schließlich einer Fülle zeitgenössischer Stellungnahmen.

Der Erstausgabe der 1. Fabelsammlung (1668), einem großzügigen Band in Quartformat mit Holzschnitten von Chauveau, folgen im gleichen Jahr zwei Ausgaben im verkaufsgerechteren Duodezformat sowie ein wahrscheinlich in der Provinz angefertigter wilder Nachdruck; 1669 erscheinen drei weitere Ausgaben im gleichen Format.[1] Die Fabel, trotz der erfolgreichen Auflagen der *Mythologia Aesopica* des Nevelet und zahlreicher anderer Fabelsammlungen[2] bisher eine am Rande der literari-

---

[1] Cf. Rochambeau, *Bibliographie* 4; – Angaben zur Höhe der einzelnen Auflagen lassen sich nur schwer machen; zu Vergleichswerten cf. Febvre/Martin, *L'Apparition* 326 ff.; eine Auflagenhöhe von 1200 durfte als gut angesehen werden.

[2] I. N. Nevelet, Sohn eines nach Basel geflüchteten Hugenotten, veröffentlichte 1610 (^{2}1660) in Frankfurt eine kommentierte Fabelanthologie mit Fabeln von Äsop, Phädrus, Abstemius, Babrius u. a.,

schen Produktion und des gesellschaftlichen Lebens der Salons stehende Gattung, gewinnt an Ansehen. Der Verleger La Fontaines, Barbin, nützt die neuerwachte Vorliebe für die kleine Gattung: 1670 läßt er die *Œuvres de M*+++ (Pierre de Saint-Glas, abbé de Saint Ussans) *contenant plusieurs Fables d'Esope mises en Vers* erscheinen; in demselben Jahr kommen, ebenfalls bei Barbin, die *Fables ou histoires allégoriques* der Mme de Villedieu heraus. 1671 veröffentlichte Furetière seine *Fables morales et nouvelles*. Wahrscheinlich muß man in diesem Band ein Konkurrenzunternehmen zu La Fontaines 1. Fabelsammlung sehen.[3] Furetière betont zunächst den Übersetzungscharakter von La Fontaines Fabeln. « Il n'y a personne qui leur ait fait tant d'honneur (sc. aux fables ésopiques) que Monsieur de La Fontaine, par *la nouvelle & excellente traduction qu'il en a faite: dont le stile naïf & marotique est tout à fait inimitable.* » Merkwürdig sei allerdings, daß er nur 100 bis 120 Fabeln gefunden habe, die es verdienten, aufbewahrt zu werden. « *Encore y en a-t-il beaucoup qui languiroient, s'il n'en avoit relevé le sujet par la beauté de son stile, & ses heureuses expressions.* »[4] Das Lob der ästhetisch geglückten Übersetzung dient Furetière im weiteren Verlauf dazu, den Wert seiner Fabeln zu betonen, der nicht so sehr im Stilistischen liege, sondern in der moralischen Absicht sowie in der selbständigen Erfindung aller Gegen-

---

die einen großen Erfolg hatte. Auch La Fontaine benutzt sie u. a. als Quelle; spätere Fabelsammlungen sind teilweise nach dem Muster des Nevelet angefertigt; in einem früheren Stadium seiner Fabelproduktion benutzte La Fontaine die für die « Petites Ecoles » Port-Royals angefertigte Phädrus-Übersetzung von Le Maître de Sacy; cf. unten S. 69 sowie Anm. 54.

[3] J. Marmier, *La Fontaine et son ami Furetière*; in: RHLF 58, 1958, 449–466.

[4] A. Furetière, *Fables Morales et Nouvelles*; alle Zitate « Au Lecteur » nicht paginiert; – hier wie bei allen folgenden Zitaten wurde die Orthographie geringfügig, die Akzentsetzung vollständig modernisiert; – alle Hervorhebungen hier und im folgenden, sofern nicht ausdrücklich anders vermerkt, von mir.

stände dieser Fabeln. Der Titel der Sammlung *Fables morales et nouvelles* erweist sich also programmatisch als echter Gegentitel. Schon zu diesem Zeitpunkt ist die Fabel zu einer anerkannten Modegattung geworden. In den angeführten Fällen verwendet der Verleger das handliche Duodezformat: « Le livre de poche du temps » [5].

Im gleichen Jahr 1671, da Furetière seine Fabelsammlung erscheinen läßt, veröffentlicht La Fontaine seine *Fables nouvelles et autres poésies*. Neben zahlreichen Gelegenheitsgedichten, vor allem aus der Zeit von Vaux, enthält dieser Band acht bisher unveröffentlichte Fabeln.

Von nun an nehmen die Stellungnahmen zu den Fabeln in der Frequenz und auch hinsichtlich ihres Umfangs bis zum Tode des Dichters ständig zu und bestätigen deren wachsenden Erfolg. Als wichtigste Dokumente seien genannt: Die Briefe der Mme de Sévigné; A. Baillets *Jugemens des Savans;* Perraults *Parallèles* und *Hommes Illustres*, La Bruyères *Caractères* und sein *Discours de Réception* anläßlich seiner Aufnahme in die Académie Française; vor allem der ursprünglich lateinisch verfaßte Nachruf Fénelons auf den Tod La Fontaines sowie schließlich die Korrespondenz von Maucroix, jenes Kanonikus von Reims, der La Fontaine durch eine 50jährige Freundschaft eng verbunden war.[6] In Anlehnung an La Fontaines bescheidenen Titel *Fables choisies mises en vers* betonen einige Kritiker den Über-

---

[5] Blavier-Paquot, *Accueil* 51; – es erübrigt sich, ausführlich zu belegen, daß auch P. de Saint-Glas und Mme de Villedieu sich als La Fontaine-Nachfolger verstehen; zu Saint-Glas cf. vor allem das Ende der Vorrede, op. cit., *Préface*, nicht paginiert; – zu Mme de Villedieu cf. Louis Ménard, *La Fontaine et Mme de Villedieu: Les Fables Galantes*, P. 1882. – Zur La Fontaine-Imitation als Fabeldichter cf. Gohin, *Etudes et Recherches*, Kap. V: « Les imitateurs de La Fontaine au XVIIe siècle », 211–229; – ferner Adam, *Histoire* IV 70–72.

[6] Über die in der vorigen Anm. genannte Arbeit von Blavier-Pacquot hinaus cf. vor allem Mongrédien, *Recueil*; mittels des Registers lassen sich die hier nur indirekt erwähnten Urteile dort leicht auffinden; ibid. auch weiteres, hier nicht berücksichtigtes Material.

setzungscharakter der Fabeln.[7] Als besonders rühmenswert und als eigentliche Originalität empfindet man dabei die *stilistische Ausgestaltung:* « beauté de son style », « heureuses expressions », (Furetière); « ornements de son invention » (Perrault). Darüber hinaus gelten die Fabeln als « jolies » und « divines »; man lobt an ihnen « le tour, la naïveté, le naïf enjouement, les charmes, cette facilité merveilleuse », ihre « [belle] négligence » (Baillet, Fénelon) etc.; man bewundert ausdrücklich die « vers [...] irréguliers » (Baillet); man hebt aber auch den *pädagogischen Nutzen* der Fabeln hervor, wenn es heißt, es finde sich kaum « une lecture plus utile et plus agréable tout ensemble » (Perrault); « il instruit en badinant, persuade aux hommes la vertu par l'organe des bêtes » (La Bruyère); « faire entendre aux hommes les leçons de la sagesse » (Fénelon). Einig sind sich die Kritiker in der Beurteilung der *Einzigartigkeit* und der *Unsterblichkeit* der Fabeln: « tout à fait incomparable » (Furetière); « il ne sera peut-être pas aisé de lui trouver un second »; « ses *Fables* – son chef-d'œuvre, et qui seul méritera de lui survivre » (Baillet); « son plus bel ouvrage qui vivra éternellement » (Perrault); « homme unique dans son genre d'écrire »; « modèle lui-même difficile à imiter » (La Bruyère); « vivent et vivront toujours les beautés qui brillent... » (Fénelon); « ses Fables [...] ne mourront jamais » (Maucroix). Sämtliche zeitgenössischen Urteile über La Fontaines Fabeln bleiben vorwiegend dem ästhetischen Bereich verhaftet. Bezeichnend für die nirgends zu findende Würdigung dessen, was uns heute in hervorragendem Maße wichtig erscheint, sind vor allem einige Äußerungen des « Banausen » Boileau (Curtius). Im Zusammenhang mit Ronsard, Marot und Saint-Gelais, also Vertretern eines « air naïf en Français » lobt er La Fontaine; denn gerade deren Stil, der *style marotique,* der namentlich auch von Furetière, Bussy und

[7] Vor allem Furetière, aber auch La Bruyère und Perrault; auf den Übersetzungscharakter weist auch Richelet in seinem *Dictionnaire,* s. v. « Fable » hin: « Les Fables d'Esope et de Phèdre sont fort belles, et La Fontaine les a *traduites en François d'une manière fort enjouée.* »

La Bruyère, indirekt aber auch von zahlreichen anderen Kritikern (« l'art de badiner ») erwähnt wird, « a si bien réussi au célèbre M. de La Fontaine » [8]. Diese Einschätzung geht auch aus einigen anderen Stellen hervor. In seinen *Réflexions sur la Poésie* berichtet Louis Racine von einem Gespräch mit Boileau über La Fontaine. « On est surpris que Boileau ne l'ait jamais nommé: il m'en a dit la raison; il ne regardoit pas La Fontaine comme original, parce que, me dit-il, il n'étoit créateur ni de ses sujets, ni de son style, qu'il avoit pris dans Marot & dans Rabelais. C'est pourquoi, m'ajouta-t-il, *quand j'ai parlé du style naïf, j'ai nommé Marot: Imitez de Marot l'élégant badinage.* » [9] Ähnlich äußert sich der Verfasser der *Bolaeana*: « Monsieur Despréaux disoit que La Fontaine avoit beaucoup d'esprit, mais qu'il n'avoit qu'une sorte d'esprit; encore prétendoit-il que *cette manière si naïve de dire les choses,* qui fait le caractère de La Fontaine, *n'étoit pas originale en lui,* puisqu'il la tenoit de Marot, de Rabelais, & autres qui ont écrit dans le vieux style. » [10] Dieselbe Einschätzung geht schließlich auch aus Boileaus Brief an Ch. Perrault hervor, in dem La Fontaine in einem Atemzug mit Voiture und Sarrazin genannt wird: « Avec quels battements de mains n'y a-t-on point reçu les ouvrages de Voiture, de Sarrazin, et de La Fontaine? » [11]

Eine solche Zuordnung La Fontaines erscheint einem heutigen Leser ebenso überraschend, ja befremdlich wie die zuvor angeführten Wertschätzungen. Die Widersprüchlichkeit vieler Fabeln, ihr unverkennbare (auch „politische") Aktualität, die Ausweitung des traditionellen Fabelrahmens, der wachsende Pessimismus in den späteren Fabelbüchern, also Erscheinungen, auf die man heute besonders hinzuweisen geneigt ist – all das haben die Zeitgenossen offensichtlich nicht gesehen, all das kommt zumindest nirgends zum Ausdruck. Aus den hier skiz-

[8] Boileau, OC 524.
[9] L. Racine, *Réflexions sur la poésie,* 4 Bde., P. 1743 ff.; Zitat IV 194/5.
[10] *Bolaeana ou Bons mots de M. Boileau,* Amsterdam 1742, 54/55.
[11] A M. Perrault; in: OC 570.

zierten zeitgenössischen Urteilen spricht ein verabsolutiertes ästhetisches Wertsystem, dessen Dominanten durch die Begriffe « naïveté, politesse, charmes, tour heureux, négligence, surprise, simplicité ingénieuse » gekennzeichnet werden. Neuere Untersuchungen haben gezeigt,[12] wie in diesen Geschmackswerten standesspezifische Ideale, zunächst des Feudaladels, zum Ausdruck kommen, deren erste Formulierungen in die Blütezeit des Hôtel de Rambouillet fallen und die im Leitbild des « honnête homme » ihre charakteristische Ausprägung erhalten. Nach der endgültigen Unterwerfung des Adels in der Fronde (1648–52), vor allem aber nach dem Regierungsantritt Ludwigs XIV und dem Sturz Foucquets (1661) sublimiert der zunehmend abseits der politischen Entscheidungen stehende Schwertadel das anfangs primär ethisch bestimmte Ideal der « honnêteté » zu aussondernden Geschmackskriterien, durch die er sich besonders vom politisch erstarkenden Amtsadel sowie dem aufstrebenden Handels- und Finanzbürgertum abzusetzen bestrebt ist. Das aristokratische « négligence »-Ideal mit seinen oben aufgeführten Schattierungen steht zunächst in deutlichem Kontrast zu bürgerlichem Fleiß, bon sens, Strebsamkeit und Regelmäßigkeit in allen Lebensbereichen. Erst bei fortschreitendem wirtschaftlichen und politischen Selbstbewußtsein gelingt es dem „Großbürgertum", sich durch Anpassung ursprünglich standesfremde Geschmacksideale zu eigen zu machen.[13] Im Falle La Fontaines, aber auch anderer bürgerlicher Autoren der klassischen Periode, läßt sich frühzeitig eine bewußt gesuchte Annäherung an oppositionelle adelige Kreise (Foucquet, die « vieille Madame » im Luxembourg, die Familien Bouillon und Condé) beobachten, die eine Amalgamierung bürgerlicher und adeliger Moral- und Geschmacksvorstellungen im Gefolge hatte. Mit der Angleichung seiner ihm herkunftsmäßig vermittelten Wertvorstellungen an die Wertvorstellungen der « noblesse d'épée » macht sich La

[12] Cf. namentlich die Arbeiten von Magendie, *Politesse mondaine;* Auerbach, *Publikum;* Krauss, *Gesinnung* und Nies, *Gattungspoetik.*

[13] Zur Aufwertung des « négligence »-Ideals cf. Nies, *Gattungspoetik* 22 ff.

Fontaine zugleich eine „sektiererische" Ästhetik zu eigen; denn „das literarische Sektierertum ging neben dem politischen Sektierertum einher" [14]. Die in den Fabeln zum Ausdruck kommende Ästhetik der « négligence » bzw. der « diversité » (ein Ausdruck, den La Fontaine vorziehen würde), ist das Synonym für die „oppositionelle" Ästhetik des politisch entfunktionalisierten Schwertadels, der in der Durchdringung aller Lebensbereiche durch dieses Ideal weitgehend seine Existenzberechtigung sah. Die geschmacksorientierte Wertung der Fabeln, wie sie in den obigen Zeugnissen zum Ausdruck kommt, ist also zu begreifen auf dem Hintergrund der ästhetischen Normen des Schwertadels, die sich das aufstrebende Bürgertum je länger je mehr zu eigen machte und die in der Periode, aus der die Urteile stammen, zu einem für « La Cour et la Ville » verbindlichen Kanon wurden. Vorwiegend ästhetische Normen anlegend, entdeckt man genüßlich im Neuen das elegant abgewandelte Alte wieder und hat kein Empfinden für die pralle Gegenwartsfülle und unterminierende Aktualität eines Textes, der, aus heutiger Sicht, nur einem oberflächlichen Betrachter als elegante stilistische Neugestaltung altbekannter Vorlagen erscheinen kann. Die bis in die heutige Zeit weitgehend ästhetisch orientierte Würdigung der Fabeln scheint bereits im Verständnis der Zeitgenossen vorgeherrscht zu haben. Die Fabeln heute unter diesem Gesichtspunkt zu analysieren, könnte also heißen, mit den nunmehr verfügbaren Methoden der Philologie ein Verständnis vertiefen, das bereits das der Zeitgenossen gewesen ist und von daher noch jetzt seine Berechtigung besitzt. Auf einen solchen, expressis verbis m. W. nie gezogenen, latent aber doch vorhandenen Fehlschluß soll das folgende Kapitel Antwort geben.

---

[14] Krauss, *Gesinnung* 330.

II. DIE ÄSTHETISCH ORIENTIERTE FABELINTERPRETATION

Die weitgehende Ästhetisierung der Fabeln und die damit Hand in Hand gehende gehaltliche Verdünnung ist, wie gezeigt, ein historisch begreiflicher Vorgang, der sich noch dazu durch die Verabsolutierung einiger theoretischer Äußerungen La Fontaines rechtfertigen läßt. G. Couton hat die Quellen und theoretischen Schriften untersucht, deren Kenntnis man bei La Fontaine voraussetzen kann.[1] Er zeigt auf, wie die Fabel im Gefolge des Humanismus allgemeiner Bestandteil des Schulunterrichtes war und vor allem im Rhetorikunterricht verwendet wurde. Auch La Fontaine ist wie jeder, der zu seiner Zeit die «Humanités» studierte, durch diese Schule gegangen. Die sich unmittelbar daraus ergebende Folgerung ist hinlänglich bekannt und wird von La Fontaine selbst formuliert: Da die Fabeln Allgemeingut seiner Zeit seien, habe er die altbekannten Stoffe erneuert « par quelques traits qui en relevassent le goût ». Damit habe er sich dem Zeitgeschmack angepaßt: « C'est ce qu'on demande aujourd'hui: on veut de la nouveauté et de la gaîté. Je n'appelle pas gaîté ce qui excite le rire; mais un certain charme, un air agréable qu'on peut donner à toutes sortes de sujets, même les plus sérieux. » Diese Passage der Vorrede zur ersten Sammlung, allen Interpreten sattsam bekannt als eine der zentralen Stellen zum Selbstverständnis La Fontaines, ist in Verbindung zu sehen mit einem Satz des gleichen Abschnittes: Die « élégance » und « extrême brèveté », ein Vorzug des Phädrus, seien Eigenschaften, die er, La Fontaine, nicht bieten könne: « Comme il m'était impossible de l'imiter en cela, j'ai cru qu'il fallait en récompense égayer l'Ouvrage plus qu'il n'a

---

[1] Couton, *Poétique,* insbesondere 23–38: « Du Pensum aux Fables ».

fait.» Nach dem bisher Gesagten wird deutlich, wie sehr La Fontaine sich schon bei der der 1. Fabelsammlung zugrunde gelegten Konzeption an den ständisch geprägten Erwartungen einer bestimmten Publikumsschicht orientiert. Betrachtet man solche Passagen jedoch isoliert vom Kontext ihres Entstehens, ergibt sich aus ihnen scheinbar eine Verabsolutierung des Ästhetischen: Die Form des Gesagten ist wichtiger als das Ausgesagte. Wir rühren hiermit an die zentrale Frage nach dem Aussagewert der Fabeln und vor allem dem der Moralitäten [2].

Die hier von La Fontaine angedeutete und von seinen Zeitgenossen ausschließlich praktizierte Verständigungsmöglichkeit läßt sich, z T. verabsolutiert, bis in die jüngste Gegenwart beobachten.[3] Bereits Sainte-Beuve sieht das Wichtigste der Fabeln im Erzählvorgang: « La fable, pour La Fontaine, n'a été le plus souvent qu'un prétexte au récit, au conte, à la rêverie; la moralité s'y ajuste à la fin comme elle peut.» [4] Ähnlich äußert sich auch der Herausgeber La Fontaines in den « Grands Ecrivains », H. Régnier: « Dans l'apologue, tel que l'entend et le fait La Fontaine, le chemin intéresse plus que le but. La fable ésopique est avant tout conseil de morale; la sienne surtout poésie.» [5] In die gleiche Richtung zielt auch Voßlers apodiktischer Satz: „Was anderen ein Lebensproblem ist, war ihm ein Stilproblem." [6]

Die erste systematische Monographie der ästhetisch orientierten La Fontaine-Forschung ist F. Gohins *L'Art de La Fontaine*

---

[2] Da die « Moralités » der einzelnen Fabeln häufig nur wenig oder nichts mit einer normativ verstandenen Moral zu tun haben, verwende ich im Deutschen den weniger geläufigen Ausdruck „Moralität".

[3] Es kann im folgenden nicht die Aufgabe sein, eine vollständige Geschichte dieser Form der La Fontaine-Rezeption aufzuzeigen. Ich beschränke mich häufig auf einige charakteristische Zitate sowie auf die Skizzierung nur der wichtigsten Werke und verweise im übrigen auf einige ausgewählte Besprechungen.

[4] Sainte-Beuve, *Causeries du Lundi* I 228.

[5] H. Régnier, La Fontaine, *Œuvres complètes*, GEF Bd. II 145.

[6] Voßler *Fabelwerk* 138; zu Voßler, s. unten S. 52 ff.

dans ses Fables (1929). In Anlehnung an das soeben zitierte Sainte-Beuve-Zitat skizziert Gohin sein La Fontaine-Bild wie folgt: « Il ne faut pas oublier surtout que La Fontaine n'a pas écrit des *Fables* pour faire œuvre de moraliste [...]. L'intérêt des *Fables*, même les plus philosophiques, ne tient pas autant aux théories personnelles du poète qu'à sa manière si originale de les exposer, à la richesse et à la souplesse de son style, à l'art même avec lequel il se joue au milieu des idées abstraites » (VII). La Fontaine sei zwar auch ein « observateur pénétrant » seiner Zeit gewesen und habe « rempli ses fables d'allusions contemporaines ». Doch trotz mancher Aktualisierung seiner Vorbilder sei er kein Satiriker; « La Fontaine est avant tout artiste [...]; c'est dans ses *Fables* surtout qu'il est artiste, et c'est leur valeur artistique qui fait leur originalité » (VIII). Der künstlerische Wert der Fabeln sei zwar immer wieder sporadisch angedeutet, doch nie systematisch dargestellt worden. Ausgehend von der wenige Jahre zuvor von Valéry vertretenen These « Prenons garde que la nonchalance, ici, est savante; la mollesse, étudiée; la facilité, le comble de l'art »[7], möchte er daher « restituer au labeur du poète le mérite d'une oeuvre qu'on attribue à l'inspiration seule d'un génie facile » (X). – Wegen der Fülle der gebotenen Beispiele und der Übersichtlichkeit der Darstellung wird jeder, der sich mit dem formalen Aspekt der Fabeln befaßt, dies Buch dankbar zur Hand nehmen. Vor allem zur Vers-, Rhythmus- und Reimanalyse vermittelt es auch heute noch nicht überholte Ergebnisse. Alle weiteren in diesem Kapitel zu nennenden Arbeiten gehen unmittelbar auf Gohin zurück bzw. knüpfen bei ihm an.

Dies geschieht freilich nirgends in solch deutschtümelnder Weise wie bei K. Koželník, der in einer Besprechung von Gohins Buch schreibt: „Auf dem Gerüst rhythmischer und erzählungstechnischer Meisterschaft vollzieht sich daselbst ein seltsam-

[7] Das Valéry-Zitat bezieht sich im Original auf den *Adonis*, a. O. 475, hat aber Gültigkeit für das gesamte Schaffen La Fontaines; – der im Zitat ausgedrückte Gedanke findet sich, wie Gohin auch zeigt, schon bei Sainte-Beuve, Saint-Marc Girardin und Roche.

künstlerisches Schaukelspiel mit dem Moral- und Weisheitsgut der Gesellschaft. Und erscheint dies nicht unserem esprit gaulois als die größte Weisheit, als der letzte Trumpf gegenüber einem andersgearteten, starken, männlichen Wollen und Fordern?" [8]
Auch Spitzer geht in seinem Aufsatz *Die Kunst des Übergangs bei La Fontaine* u. a. von Gohin aus, wenngleich ihm dessen Buch eher ein Ärgernis gewesen zu sein scheint: „In Gohin's ‹ La Fontaine et ses fables › ist nichts Belangvolles für mein Thema zu finden gewesen." [9] Anstoß genommen hat er offensichtlich an Gohins „atomisierender Betrachtung der Fabeln, deren Schädlichkeit [er] im Laufe dieses Aufsatzes [...] besonders betonen" möchte. Statt wie Gohin und viele spätere Interpreten formale und stilistische Eigentümlichkeiten aus einzelnen Fabeln unter einem übergeordneten Gesichtspunkt herauszulösen, ist es Spitzer um die künstlerische Einheit der jeweiligen Fabel zu tun. Die Fragestellung richtet sich also auf die Fabeln als je in sich abgeschlossene Kunstwerke.[10] Ausgangspunkt von Spitzers Überlegungen sind die „Betrachtungen über Horazens Kunst der satirischen Gesprächsführung" des Altphilologen U. Knoche. In Anlehnung an Knoche und das Horaz'sche Stilverhalten in den *Sermones* zeigt Spitzer, wie La Fontaine in den Fabeln Vorschriften der antiken Rhetorik, und das heißt hier die Gebote der Psychagogik befolgt, die vorschreiben, daß Gedichte nicht nur ästhetisch schön („pulchra")

[8] Koževník, *Kunstproblem*, a. O. 490.
[9] A. O. 203/204 Anm. 1; Spitzers Ärger über Gohins Buch geht so weit, daß er sogar dessen Titel falsch zitiert.
[10] Über das „Herausbrechen" und die isolierte Interpretation einzelner Verse als Interpretationsmethode, um auf diese Weise das „Naturgefühl", die „Tierbeobachtung", die „Moral", die „Philosophie" La Fontaines zu zeigen, klagt Spitzer auch an anderen Stellen: 171/172 A 1; 176/177 A 1; 201/202: „Die Ökonomie des Ganzen weist vielmehr diesen Gefühls-, Philosophie- oder Moralstücken eine ganz bestimmte Funktion innerhalb dieses an. Naturlyrik, Philosophie, Moral als Selbstzweck gibt es bei La Fontaine nicht, es gibt sie nur in funktionalisierter Form."

zu sein haben; sie müssen darüber hinaus auch „dulcia" sein, das heißt Gefallen erwecken, das Gemüt des Lesers in Heiterkeit versetzen und vor allem: es sanft führen. Diesem Gesetz der „sanften Führung" sei auch La Fontaines Fabelästhetik unterworfen. Auch er verwende eine fließende, in ihren einzelnen Schritten häufig nur schwer nachvollziehbare, die verschiedensten Vorstellungs- und Stilbereiche durchlaufende Gedankenführung. Dabei sei die Notwendigkeit des jeweils einzelnen Elementes auf den ersten Blick nicht immer einsichtig. Die Möglichkeiten der „Führung" des Lesers seien vielfältig. In einer Anzahl leicht zugänglicher Fabeln entspreche das Ende einer eingangs der Fabel angeordneten Moralität oder Devise; häufig führe La Fontaine den Leser zu einem Ergebnis, das in einer abschließenden Moralität konstatierend resumiert wird. Mitunter auch stehe das Ende zum Ausgangspunkt der Fabel in krassem Widerspruch. Nicht selten seien auch Fälle, in denen sich der Leser in einer Fabel ohne Moralität aus der Abfolge der Bilder und Gedanken die Absicht des Autors selbst „erarbeiten" muß. In allen Fällen bedürfe die einzelne Fabel einer besonderen Interpretation, damit deutlich werde, wie das gleitende Ganze durch sich entsprechende oder entgegengesetzte Bilder oder Gedanken zusammengehalten wird. Spitzer gibt eine Fülle entsprechender Analysen, aus denen die verschiedenen Techniken des gleitenden Übergangs deutlich werden. – Gegen Ende seines Aufsatzes charakterisiert und rechtfertigt er seine Methode wie folgt: Er gehe immer von der Beobachtung einzelner Phänomene aus, die bisher vernachlässigt worden seien. Für ihn handele „es sich vor allem darum, neues *Beobachtungsmaterial* der weiteren Forschung bereitzustellen". „Die Darstellung einer Persönlichkeit in ihrer Rundheit" falle im schwer. Er verfolge seine Methode „im Vertrauen auf eine spätere, von anderen Forschern zu leistende Synthese, die die richtige Dosierung der Erscheinungen vornehmen soll"[11]. – In seinen späteren Heidelberger

---

[11] Alle Zitate a. O. 204; Unterstreichung von Spitzer; zur präziseren Bestimmung von Spitzers methodischem Ansatz cf. den grund-

Interpretationen zur französischen Lyrik greift er den dargestellten Ansatz auf und demonstriert ihn an zwei überaus komplexen Fabeln.

Spitzers Aufsatz sowie die genannten Interpretationen gehören zu den anregendsten Arbeiten zu La Fontaine. Trotz der Ergebnisse, die sie für die Interpretation erbringen (können), müssen einige kritische Gedanken geäußert werden:

1. Die „gleitende" Gedankenführung läßt sich nur in jenen Fabeln klar nachweisen, die nicht durch eine straffe Erzählstruktur gekennzeichnet sind, d. h. die nicht geradlinig auf einen Handlungsschluß hin orientiert sind; erst recht fallen novellistisch zugespitze Fabeln nicht unter die Spitzersche Kategorie.[12] Die von Spitzer analysierten bzw. nach seinem Ansatz analysierbaren Fabeln gehören jedoch zweifellos zu den kunstvollsten und „schönsten" Fabeln La Fontaines.

2. Bei aller sonst geübten Reserve gegenüber dem La Fontaine-Buch seines Freundes Voßler teilt Spitzer dessen im obigen Satz ausgedrückte Grundeinstellung in bezug auf La Fontaines Fabelproduktion, wenn er apodiktisch schreibt: „La Fontaine verwendete nicht das Ästhetische im Dienste der Moral, sondern die Moral im Dienste der Ästhetik."[13]

---

legenden, erstmals 1925 veröffentlichten Aufsatz *Wortkunst und Sprachwissenschaft*, in: *GRM* 13, 1925, 169–186; jetzt auch in V. Žmegač (Hrsg.), *Methoden*, a. O. 53–75.

[12] Um nur zwei Beispiele zu geben: *Le Rat de ville et de Rat des champs* (I 9) oder *La Femme noyée* (III 16) könnten schwerlich nach dem Spitzerschen Modell interpretiert werden.

[13] A. O. 172 Anm.; – cf. ibid.: „Man kann annehmen, daß [La Fontaine], was er an La Rochefoucauld rühmt, die Schönheit des Sittenspiegels, auch für sein eigenes Fabelwerk als Ideal empfindet. Daß La Fontaines ausdrückliche gegenteilige Versicherung (VI 1: ‹ Une morale nue apporte de l'ennui : / Le conte fait passer le précepte avec lui. / En ces sortes de feinte il faut instruire et plaire, / Et conter pour conter me semble peu d'affaire ›) nicht ernst zu nehmen ist, haben die Kritiker schon öfters gesagt, vgl. Gr. écr. II S. 2 (zu VI 1)"; – Abgrenzung gegen Voßler a. O. 181 A. 1; aber 203 A. 1: „Ich finde keine Deklassierung La Fontaines in Voßlers Worten."

3. Daraus folgt, daß sich Spitzer, seinem ahistorischen werkimmanent-stilistischen Ansatz entsprechend, nirgends die Frage nach der Funktion des von ihm analysierten Stilverhaltens in bezug auf die Gesamtaussage der Fabeln stellt.[14]
Die weitere Entwicklung der ästhetisch orientierten Fabelforschung bietet nach den Arbeiten von Gohin und Spitzer keine grundsätzlich neuen Ansätze und kann schematisch wie folgt zusammengefaßt werden: Nicht weiter in Frage gestellter Ausgangspunkt aller Arbeiten ist die Hypothese eines Dichters La Fontaine, dem vor allem die stilistisch geglückte Neufassung alter Vorlagen am Herzen liegt und für den die Form der Aussage ein ungleich größeres Gewicht hat als die Aussage selbst.

So schreibt E. Winkler in einer der wenigen deutschen Arbeiten im Widerspruch zu der von ihm selbst vorgeschlagenen Interpretation der Fabel *Les Animaux malades de la Peste* (VII 1): „Mit den Moralsprüchlein ist es bei La Fontaine endgültig nichts"; und: „Die Moralsprüchlein sind in La Fontaines Fabeln, wie längst erkannt, nur Eierschalen der literarischen Tradition".[15] Ähnlich ist auch in Frankreich noch 1960 La Fontaine für P. Moreau « ce maître de l'art pour l'art [qui] se fait un jeu de tirer parti de tout ». Er sagt des weiteren:

---

[14] Trotz dieser Kritik möchte Verf. dankbar bekennen, daß er den Spitzerschen Ansatz an zwei Beispielen übernommen und weiterzuentwickeln versucht hat: a) *Die Einheit der Ariost'schen Satire*, Ffm. 1969 (Analecta Romanica Heft 25); b) *Le Pouvoir des Fables: ein Beitrag...*, a. O.; – in Frankreich blieb Spitzers Aufsatz bis in die neueste Zeit hin unbekannt; er findet sich das erste Mal bibliographisch aufgeführt bei Collinet, *Monde littéraire*, a. O., ohne allerdings für die Interpretation fruchtbar zu werden; das gleiche gilt für Biard, *Style*, der ihn a. O. 153 als "one of the most illuminating contributions to the analysis of [sc. La F's] style" bezeichnet; – Spitzers Aufsatz erschien 1970 in einem Sammelband seiner Aufsätze *Etudes de style*, unter dem Titel « L'Art de la transition chez La Fontaine » a. O. 166–207 erstmals auf Französisch.
[15] Winkler *Animaux malades* 218.

« L'indifférence de La Fontaine au sujet va jusqu'à la désinvolture. » Wenig später spricht er von « cette aimable désinvolture à l'égard de la morale » und formuliert wie folgt: « Il semble que le seul plaisir de la fable, pour lui, réside dans le conte. »[16]

Ein so geartetes La Fontaine-Verständnis liegt auch der Arbeit von R. Kohn *Le goût de La Fontaine* zugrunde.[17] Wie schon in dem 1952 erschienenen *Young La Fontaine* von Ph. A. Wadsworth untersucht R. Kohn die künstlerische Entwicklung La Fontaines. Hatte Wadsworth diese Entwicklung von den Jugendwerken des Dichters bis zur 1. Fabelsammlung dargestellt, um vor allem die kontinuierliche Entwicklung, aber auch den Qualitätssprung zwischen den frühen Texten und den Fabeln sinnfällig zu machen, setzt sich R. Kohn die Darstellung der gesamtkünstlerischen Entwicklung La Fontaines unter dem Gesichtspunkt des Geschmacks zum Ziel. Ihr Buch, eines der editorisch aufwendigsten und schönsten der gesamten La Fontaine-Literatur, ist von der Kritik vorwiegend kritisch aufgenommen worden. Über z. T. sehr subtile Einzelinterpretationen hinaus fehlt der zwingende Zusammenhalt zwischen den verschiedenen Teilen des Buches. Der Leser wird nicht so sehr Zeuge einer „Entwicklung" des La Fontaine'schen Geschmacks als vielmehr von dessen Variationen. Da jedoch nirgends eine Rückkoppelung dieses « goût » an biographische, geschichtliche o. ä. Ereignisse bzw. gesellschaftliche Gruppierungen erstrebt wird, bleiben mögliche Gründe dieser Geschmackswandlung im Dunkeln.[18] – Gleiches gilt mutatis mutandis für J. P. Collinets

---

[16] Moreau, *Thèmes et Variations;* alle Zitate ibid. 29/30.

[17] Moreau war ihr « directeur de thèse »; cf. *Goût* 7.

[18] Zur Kritik cf. G. Couton in: *RHLF* 63/1963, 675/677: « La notion de goût est au départ très floue, et elle l'est restée, même au terme de l'ouvrage »; – « On vide de leur réalité, par exemple, *Les Compagnons d'Ulysse* ou *Le Paysan du Danube;* on les réduit à des contes, dont on consent seulement qu'ils soient très beaux »; – « Sa thèse se disperse donc en une série d'essais, mais qui ne sont ni inutiles, ni indifférentes parce qu'ils procèdent d'une très fine sen-

Le Monde littéraire de La Fontaine. Freilich ist hier die Verknüpfung der einzelnen Kapitel untereinander zwingender als bei R. Kohn. Außerdem verbindet Collinet die Darstellung der Dichtungspraxis La Fontaines eng mit den parallel dazu laufenden theoretischen Äußerungen. Doch auch hier basiert die Entwicklung des « monde littéraire » auf einer reinen Immanenz des Geschmacks.[19]

sibilité »; – J. Morel in: *RSH* 1964, 604/605: « Une constante confusion des notions fines et des notions vagues. » – Wadsworth möchte in *Young La Fontaine* den Dichter nicht nur Studenten und Professoren, sondern einem breiteren Publikum zugänglich machen; daher z. T. eine übergroße Emphase in vielen Formulierungen; – A. Adam, mit bibliographischen Hinweisen sehr sparsam, schreibt: « On attachera [...] un grand prix au livre récent de Ph. A. Wadsworth [...] qui étudie La Fontaine jusqu'aux environs de 1670 »; *Histoire* IV 7.

[19] Cf. Verf. in: *Kl* 2, 1973, 21/22: « *Monde littéraire* signifie le développement, la transformation et les correspondances des genres, des tons et des thèmes à l'intérieur de l'œuvre de La Fontaine [...] Le La Fontaine qu'il [sc. M. Collinet] nous peint n'est certes pas le rêveur d'antan, bien au contraire c'est un artiste réfléchi, mais qui possède trop peu d'attaches avec la réalité de son époque. Le livre de M. Collinet prolonge et nuance d'heureuse façon l'étude de Mme Kohn. » – Auf diesen Aspekt verweist auch Biard in: *FSt* 26/1972, 326/327; cf. ebenfalls B. Beugnot in: *RHLF* 73/1973, 682–686 sowie J. H. Périvier in: *FR* 46/1972/73, 1220/21: « Savant, intelligent et sensible, le livre de M. Collinet demeurera longtemps l'ouvrage de référence principale des études sur La Fontaine ». Ich übergehe *Vues sur l'art* ... von S. Blavier-Paquot, ferner *O Muse, fuyante proie* von O. de Mourgues, die keine neuen Erkenntnisse vermitteln, sowie das trotz seiner späteren Übersetzung ins Franz. „fachwissenschaftlich [...] entbehrliche" Buch von Biard, *The style of La F's Fables*; cf. dazu F. Nies in: *ASNS,* 205, 1968, 151–153; zur Kritik der franz. Übersetzung cf. J. Marmier in: *RHLF* 72, 1972, 711–712; – zu dem wegen seines Titels attraktiven Buch von Lapp, *The Esthetics of Negligence* cf. Verf. in: *Kl* 2, 1973, 22/23; ferner H. Lindner in: *ZFSL* 72/1972, 285–287: „Die vorliegende Studie [...] wird [...] ihrem ehrgeizigen Ziel, 'to find how La Fontaine's negligence becomes an esthetic' (S. VIII), nicht gerecht, nicht zuletzt deshalb, weil Vf.

Die ästhetisch orientierte La Fontaine-Forschung findet ihre Rechtfertigung nicht allein in den eingangs aufgezeigten Prämissen (Rezeption der Zeitgenossen, Selbstverständnis La Fontaines); wissenschaftsgeschichtlich ist sie zu verstehen als bewußte Reaktion auf die durch den Positivismus à la Taine bedingte formal-ästhetische Abstinenz; gegenüber dem dort dominierenden Prinzip der Reduzierung eines künstlerischen Individuums auf ein durch nachweisbare Kausalitäten erklärbares, womit statt des Werkes die es bedingenden äußeren Faktoren das Interesse des Forschers (zu) okkupieren (drohen), tritt nunmehr die scheinbar autonome Künstlerindividualität in den Mittelpunkt, die in ihrem Werk den gültigsten Ausdruck gefunden hat. Die so im Ansatz vollzogene Aussonderung des Werkes aus einem umfassenden geschichtlichen Zusammenhang verträgt sich, im Falle La Fontaines, vorzüglich mit der Legende vom ständig verträumten und verantwortungslosen « Bonhomme », die in Voßlers Monographie ihren Höhepunkt erreicht.[20] Hand in Hand mit einem so gearteten Verständnis dichterischer Tätigkeit geht schließlich die Überzeugung, daß die Wiederaufnahme traditioneller Themen, wie es in großem Stil bei der Übernahme des Äsopschen Fabelgutes durch La Fontaine geschieht, den Inhalt automatisch relativiert. Wichtig ist demnach in erster Linie die geglückte stilistische Neugestaltung.[21] Ihrer nimmt sich

eben jenen die poetischen Normen konditionierenden 'social or artistic background' [...] sowie den Aspekt des von L. F. intendierten Publikums bei seinen weiteren Ausführungen gänzlich ignoriert"; – Stierle scheint in *Poesie des Unpoetischen* in der Tatsache, daß es sich bei La Fontaines Fabeln sowie bei ihren Moralitäten größtenteils um „wiedererzählte" Stoffe handelt, einen Akt der Ironisierung und das heißt auch der Relativierung ihrer Inhalte sehen zu wollen.

[20] Cf. namentlich die « Biographie romancée » von L. Garnier; cf. dazu unten S. 58 Anm. 31.

[21] Dies schlägt sich dann in Titeln nieder wie bei Moreau (cf. oben Anm. 16); – bei aller Subtilität der Interpretation ist dies aber auch der Ausgangspunkt der zahlreichen Arbeiten Claracs zu den Fabeln;

der Interpret mit den ständig verfeinerten Methoden der Stilanalyse ehrfurchtsvoll an. Dabei ist jedoch unübersehbar, wie dieser Interpretationsansatz „nach dem zweiten Weltkrieg mehr und mehr in die Phase seiner Erschöpfung gelangt ist [...] und die immer subtilere Deutung der immer gleichen Werke den Verdacht eines philologischen ‹ L'Art pour l'Art › unabweisbar machte" [22]. Das einzelne Werk wird zum aussageleeren „Zitat" degradiert. Doch schon die klassische Literatur des 17. Jahrhunderts wußte um ihren „Zitat"-Charakter. Mit geringen Ausnahmen ließe sich auf sie La Bruyères « Tout est dit » anwenden. Aber auch La Bruyères Einwand müßte berücksichtigt werden: « *Horace ou Despreaux* l'a dit avant vous. – Je le crois sur votre parole; mais je l'ai dit comme mien. Ne puis-je pas penser après eux une chose vraie, et que d'autres encore penseront après moi ? » [23] Das « Je l'ai dit comme mien » bezieht sich ohne allen Zweifel auf das Stilistische *und* Inhaltliche in gleicher Weise. Die Übernahme traditioneller Themen entwertet diese bei La Bruyère ebensowenig wie etwa im Falle des *Avare* oder der *Bérénice*, bei Boileaus *Satiren* oder schließlich auch den *Fabeln* La Fontaines. In *Clymène* schreibt La Fontaine: « Ce qu'on n'a point au cœur, l'a-t-on dans ses écrits? » [24] Dies gilt natürlich auch in umgekehrter Richtung.

cf. namentlich *L'Inquiétude de La Fontaine* und *Variations dans les 6 derniers livres*; Moreaus Arbeit muß als Pendant zu letzterer gesehen werden; als zeitlosen Klassiker, umgetrieben durch Pascalschen « ennui, inconstance, inquiétude », in nur sehr lockerer Beziehung zu dem, was den « siècle de Louis XIV » sozial und politisch umtrieb, präsentiert Clarac La Fontaine ein letztes Mal in *L'Age Classique II* (1660–1680), 185–202; zu Clarac s. auch unten S. 72 Anm. 63 und S. 88 Anm. 92.

[22] H. R. Jauss, *Paradigmawechsel*, in: *Methoden . . .*, Hrsg. von V. Žmegač, a. O. 281; – diese Feststellung trifft uneingeschränkt die Arbeiten von Blavier-Paquot, Mourgues, Biard und teilweise auch die von Kohn und Collinet.

[23] La Bruyère, *Caractères*, « Des ouvrages de l'esprit » 1+69.

[24] *Clymène* V. 5, in: OD 20–46; Zitat a. O. 20.

So gewinnbringend mehrere der angeführten Arbeiten daher für eine stilistische Interpretation La Fontaines auch sind, gehen sie in ihrer verabsolutierenden Tendenz doch in mehrfacher Hinsicht fehl. Zunächst zerstören sie die funktionale forminhaltliche Einheit der Fabeln. Wenn Spitzer, ausgehend von der Einsicht in die Funktionalität zuvor isolierter Teile in einem als Ganzheit konzipierten Kunstwerk sich um die Begründung der La Fontaine'schen Fabel als einer *ästhetischen Einheit* verdient gemacht hat, so ist ein solches Postulat auch hinsichtlich der formalen und inhaltlichen Komponenten der Fabeln aufzustellen. Die Verabsolutierung des Formalen erhebt sodann das Ästhetische in eine autonome, geschichtslose Sphäre, die ihm nicht eigen ist. Wenn man Lukács' provozierend gemeintem Satz zustimmt: „Das wirklich Soziale aber in der Literatur ist: die Form" [25], sollte zumindest der Versuch unternommen werden, statt Form ahistorisch zu verabsolutieren, sie in ihrer historischen und sozialen Bedingtheit zu erfassen. Geschmack bzw. Form ist zu allen Epochen der Geschichte eine Angelegenheit einzelner sozialer Gruppen gewesen. Auf La Fontaine bezogen bedeutet dies:

a) Sein stilistisches Verhalten müßte genauer in Beziehung gesetzt werden zu den Geschmackswerten des Publikums, an das er sich richtete und dem er sich weitgehend anpaßt.

b) Es wäre die Frage zu stellen, in welchem Verhältnis die Form der einzelnen Fabeln zu deren jeweiligem Inhalt steht und welches schließlich die Funktion der Form in bezug auf die Gesamtaussage der Fabeln ist.

c) Letztlich müßten Überlegungen angestellt werden über die Funktion der Fabel als literarische Kleinform in bezug zu den anderen Gattungen, vor allem den sog. „hohen" bzw. „großen" Gattungen. Hierzu einige Hinweise. Der erste Satz der Vor-

---

[25] G. Lukács, in: Vorwort zu „Entwicklungsgeschichte des modernen Dramas"; in: G. L.: *Literatursoziologie,* Hrsg. P. Ludz, Neuwied, ⁵1972, S. 71 (Luchterhand, Soziolog. Texte Bd. 9).

rede sowie einige andere Zeugnisse [26] bestätigen die Annahme, daß die Fabeln, wenigstens einige, vor der Veröffentlichung in den Salons gelesen und diskutiert wurden. Der Erfolg der Fabeln gründet entscheidend im Geschmack des Publikums gerade dieser Salons: Zielpunkt der Fabeln, das Publikum, für das sie primär gedacht sind, sind in erster Linie die Zirkel, in denen La Fontaine verkehrte und die sich nur in eingeschränktem Maße mit dem Hofe identifizieren konnten, ja großenteils in Opposition zu ihm standen. Die literarischen Gattungen, die hier, häufig in Form eines Gesellschaftsspieles, gepflegt wurden, sind aber gerade Kleinformen: Maxime, Porträt, Brief u. ä. Mit La Fontaine kommt die Fabel hinzu. In allzu grober Verallgemeinerung sagt Sainte-Beuve: « En France où les grandes conceptions poétiques fatiguent aisément [...], on demande surtout aux poètes ce genre d'imagination et de fertilité qui n'occupe que peu d'instants. » [27] Diesen Erwartungen paßt sich La Fontaine mit der Entscheidung für die Fabel weitgehend an, was zur Folge hat, daß sein Fabelwerk, „nicht nur vom Willen dessen [zeugt], der es schuf, sondern nicht weniger von der Gesinnung derer, für die es geschaffen wurde" [28]. Inhaltlich und formal stehen seine Fabeln zwischen diesen beiden Polen, wobei dem zweiten ein größeres Gewicht einzuräumen sein dürfte: La Fontaines Selbstverständnis ist in hohem Maße „fremdbestimmt". Auf theoretischem Sektor resultiert daraus eine in sich abgerundete, hoch reflektierte Ästhetik der Kleinform, die identisch ist mit einer Ästhetik der « variété, négligence,

---

[26] « L'indulgence que l'on a eue pour quelques-unes de mes fables ... »; *Préface*, Ed. Couton 5; – cf. ferner die Zwischentexte zu den Fabeln I 15, II 3, XI 9 sowie das Vorhandensein zahlreicher Fabeln in den Ms. Conrart, Sainte-Geneviève, Trallage; – die Briefe der Mme de Sévigné.

[27] Sainte-Beuve, *Lundis* VII 25; – Gohin, *Etudes et Recherches* 15: « Par bonheur [...] le poète avait rencontré la fable; encouragé par le succès qu'il obtint dans les salons, il se fixa dans ce genre. »

[28] Krauss, *Gesinnung* 321.

diversité », des « sans régularité et sans ordre ».²⁹ Die praktische Konsequenz ist die Übernahme der Fabel als die La Fontaine angemessene Gattung. Es darf als sicher gelten, daß von seinem Primärpublikum zahlreiche Fabeln als Verschlüsselungen (« lit-

---

²⁹ In bezug auf Lebensform und Künstlertum charakterisiert sich La Fontaine am besten durch den bekannten Vers « Diversité, c'est ma devise »; cf. *Pâté d'Anguille*, in: *Contes et Nouvelles*, (Ed. Couton) 310; – La Fontaine betont immer wieder, wie sehr die große Form seinem Temperament widerspricht. Im Alter begründet er diese Ablehnung durch abnehmende Lebenskräfte. Aus dem folgenden Beleg geht hervor, in wie hohem Maße die Bevorzugung der kleinen Form gesellschaftlich bedingt ist: cf. das *erste* Gedicht für Foucquet OD 494: « Notre héros [sc. Foucquet], si le beau feu ne change, / De menus vers aura pleine vendange; / Ne dites point que c'est menu présent, / Car menus vers sont en vogue à présent. » – Auf seiner Reise nach Limoges bewundert La Fontaine angesichts des Schlosses von Blois weniger das imposante Ganze als vielmehr seine Teile: « Toutes ces trois pièces ne font, Dieu merci, nulle symétrie, et n'ont rapport ni convenance l'une avec l'autre; l'architecte a évité cela autant qu'il a pu »; – die Summe schöner Einzelteile ergibt im Nachhinein ein annehmbares Ganzes: « Il y a *force petites galeries, petites fenêtres, petits balcons, petits ornements, sans régularité et sans ordre; cela fait quelque chose de grand qui plaît assez* »; OD 544; die Passage nimmt sich wie eine frühzeitige (1663) Definition der Ästhetik der Fabeln aus; – cf. ferner *Fabeln* VI « Epilogue »: « Loin d'épuiser une matière, / On n'en doit prendre que la fleur. » – *Fabeln* X 14, 53–56: « Mais les ouvrages les plus courts / Sont toujours les meilleurs. En cela j'ai pour guides / Tous les maîtres de l'art, et tiens qu'il faut laisser / Dans les plus beaux sujets quelque chose à penser. » – *Fabeln* XII 5, 20: « Je pourrais tout gâter par de plus longs récits. » – *Fabeln* XII 24, 9–12 *(Daphnis et Alcimadure)*: « ... Mais tout dire / Ce serait trop; il faut choisir, / Ménageant ma voix et ma Lyre, / Qui bientôt vont manquer de force et de loisir. » – *Poème du Quinquina*, OD 74: « Les longs travaux pour moi ne sont plus de saison », cf. auch Nies, *Gattungspoetik* 25 und Anm. 21 sowie 86, wo er von der „Gegenästhetik der Variété" gesellschaftlich „konkurrierender Gruppierungen" spricht.

térature à clef ») aktueller Ereignisse verstanden wurden.[30] Die
„unbedeutende" Gattung bot mit ihrer frondeurhaften Tradition in idealer Weise den nötigen Schutz, um kritisch zu Tagesereignissen Stellung zu nehmen. Patru hatte schon vor La Fontaine die Fabel in dieser Weise gehandhabt; einige Nachfolger La Fontaines werden das ebenfalls tun, wenngleich weniger gekonnt.[31] Es ist schlüssig, wenn die Fabel wie auch die anderen oben genannten Gattungen in Boileaus *Art Poétique* nicht aufgeführt werden. Boileaus Poetik, die auf dem Höhepunkt der Klassik eine literarische Zustandsbezeichnung gibt, formuliert implizit durch die Ächtung jener gruppenspezifischen Kleinformen auch ein Urteil über die Kreise, die den Nährboden für sie lieferten. Der Ausschluß der Fabel aus dem repräsentativen Literaturkanon der Epoche ist Spiegelbild der gesellschaftlichen Randstellung jener Gruppen, die ihr durch La Fontaine zur Blüte verhalfen.

---

[30] Cf. unten S. 83 sowie vor allem Anm. 82.
[31] Zu Patru cf. unten S. 70 sowie ibid. Anm. 55; zu den Nachfolgern La Fontaines cf. oben S. 3 ff. sowie ibid. Anm. 5.

III. DIE SOZIALKRITISCHE TRADITION DER FABELN

*a) Griechische Tierdichtung, Äsop, Phädrus,
mittelalterliche Tierdichtung*

In der bisher vorwiegend ästhetisierenden Bewertung der La Fontaine'schen Fabeln kommt desweiteren ein fundamentales Unverständnis gegenüber der Gattung und ihren geschichtlich belegten Möglichkeiten zum Ausdruck. Seinen überraschenden Niederschlag findet es in der viel diskutierten Tatsache, daß auch nach der Veröffentlichung der Fabelbücher I bis VI und trotz des allgemeinen Beifalls der Zeitgenossen weder Boileau noch der Père Rapin La Fontaine oder die Fabeln in ihren Poetiken erwähnte. Dies Mißverständnis hat eine lange Geschichte, die wenigstens teilweise als Rechtfertigung dienen mag: Weder Aristoteles noch Horaz sprechen in ihren Poetiken von der Fabel. Aristoteles ordnet sie der Rhetorik zu und sieht in ihr ebenso wie im historischen Exempel ein Instrument der Beweisführung und der Überredungskunst des Redners. Dabei hat das historische Beispiel größere Beweiskraft; die Fabel wird vorwiegend dann verwendet, wenn sich dem Redner kein historisches Exempel bietet. Dieser Argumentation schließen sich Cicero und Quintilian an.[1] Die Fabel ist damit, so scheint es, endgültig im Bereich der Rhetorik angesiedelt. Aristoteles folgend, schweigen sich auch die Renaissancepoetiken und die dichtungstheoretischen Traktate des 16. und 17. Jahrhunderts über die Fabel aus.

Und doch hatte die Fabel als volkstümliche, zunächst vorwiegend aus mündlicher Überlieferung sich speisende Erzählform

---

[1] Aristoteles, *Rhetorik* 2, 20, 1394 a 2; – Cicero, *Partitiones oratoriae* 40; – Quintilian, *inst. orat.* V 11, 19.

eine lange literarische Tradition und Funktion. Das kann hier nicht detailliert aufgezeigt werden. Doch müssen wenigstens einige Hinweise gegeben werden bezüglich des großenteils sozialkritischen Charakters der Fabelgattung, soweit sich das rückblickend überhaupt mit Sicherheit beurteilen läßt.

Die ältesten Beispiele einer Tierdichtung in der europäischen Literatur finden sich bei Hesiod (*Der Habicht und die Nachtigall*), Archilochos *(Der Adler und der Fuchs)* und Semonides *(Der Adler und der Mistkäfer)*.² Der Sinn dieser Fabeln ist, wie Crusius sagt, „ein Signal zum Kampf gegen den Adel". Crusius sieht den Beginn der Fabelgeschichte in Europa sozial bedingt „mit dem Aufsteigen der niederen Volksschichten, der Bauern und Halbbürtigen [...]. Die ältesten Fabeln sprechen die ethischen und wirtschaftlichen Ideale dieser Kreise aus." ³ Die ältesten griechischen Fabeln dienen also, wie auch A. Lesky betont, der sozialen Kritik, „die sich in loser Verhüllung deutlich genug im Namen der Schwachen und im Zeichen des Rechtes gegen die Willkür der Mächtigen richtet" ⁴.

Die soziale Bedingtheit der Fabeln Äsops wird deutlich, wenn wir uns die Person des Schreibers, sein Publikum, den Ort und den Zeitpunkt der Erzählung sowie die Absicht, mit der erzählt wird, vergegenwärtigen. Gerade in bezug auf diese Fragen können freilich im wesentlichen nur Hypothesen angestellt werden. Doch ergibt sich in Hinsicht auf spätere theoretische Äußerungen, also a posteriori argumentiert, mit einigem Anrecht auf historische Exaktheit ein Bild, das Th. Spoerri wie folgt umreißt: „Die sagenhafte Gestalt des Sklaven Aesop steht am Anfang der abendländischen Fabeltradition. Im Ionien des sechsten vorchristlichen Jahrhunderts war die Herrenschicht, in deren Palästen die Gesänge Homers geklungen hatten, am Zusam-

---

² Zum Text und zur Interpretation der Fabeln cf. C. H. Kleukens, *Buch der Fabeln* VIII ff.; – cf. La Fontaine, *L'Aigle et l'Escarbot* (II 8).

³ A. O. IX + X.

⁴ A. Lesky, *Geschichte der Griechischen Literatur,* Bern 1957/58; 147.

menbrechen, während die großen Handelsstädte mächtig emporstrebten. Das Volk, das sich an den Dreiwegen, auf dem Markte und an den Landungsplätzen sammelte, verlangte nicht mehr, von Göttern und Helden zu hören. An Stelle des Epos trat die Prosaerzählung: Schelmenstreiche und Tiermärchen, in denen der kleine Mann sich wiedererkannte. Sie stellen ihn dar, wie er sich durch seine Findigkeit und seinen Mutterwitz gegen die Ungerechtigkeit der Großen wehrt. So zeigt das Volksbuch vom phrygischen Sklaven Aesop die Überlegenheit des Helden, indem es ihn aus allen bedrängten Lagen durch das Erzählen einer Fabel einen Ausweg finden läßt. Der mißgestaltete Sklave wird zum Symbol für die untere Welt." [5]

Auch Phädrus stammt aus der unteren Gesellschaftsschicht: Er war Freigelassener des Augustus. Wie er sich selbst als Fabeldichter versteht, zeigt er am Beispiel Äsops:

> nunc fabularum cur sit inventum genus
> brevi docebo. servitus obnoxia,
> quia quae volebat non audebat dicere,
> affectus proprios in fabellas transtulit
> calumniamque fictis elusit iocis.
>
> (Prolog III) [6]

---

[5] Spoerri, *Aufstand* 31/32; – den verwachsenen Sklaven Äsop, in seiner Häßlichkeit nur Sokrates vergleichbar, kennt auch La Fontaine in *Le Paysan du Danube* (XI 7, 1 ff.); – cf. auch E. Rohde, *Der griechische Roman* Leipzig ²1900, 580: „[Die Tierfabeln] stellen sich ganz deutlich dar als die Erfindungen eines zwar noch nicht durch städtische Überbildung des schärfsten, wachsten Natursinnes beraubten, aber doch bereits weit über das Kindesalter hinaus in ein enttäuschungsreiches Leben vorgerückten, kalt und ironisch das Treiben der Welt [...] beobachtenden Geistes." – cf. vor allem M. Nøjgaard, *La Fable*, Bd. I « Esope: la vie », 454 ff.; « Le public de la fable », 548 ff.

[6] „Jetzt sei, weshalb die Fabel man erfand, / Noch kurz berichtet. Der bedrängte Sklave [= Äsop], / Der, was er mochte, nicht zu sagen wagte, / Barg seines Herzens Meinung in die Fabel / Und wich dem Vorwurf aus in droll'ger Maske." – *Phädrus' Fabeln*, Deutsch von J. Siebelis, a. O. 25.

Unter Tiberius war Phädrus von Seian, der in einzelnen Fabeln Anspielungen auf zeitgenössische Ereignisse vermutete, angeklagt worden.[7] Hausrath erklärt die „aggressive Tendenz" zahlreicher Fabeln des Phädrus „aus dem revolutionären Ursprung der Fabeln im Kampf des Demos gegen die Adelsschicht"[8]. Er verweist auch darauf, daß Seneca, obwohl doch offensichtlich ein Zeitgenosse des Phädrus, diesen nicht erwähnt habe: „Der vornehme Römer verachtet den Halbgriechen aus der Unterschicht. Dasselbe gilt auch von Quintilian, der ihn *inst. orat.* I 9,2 hätte nennen müssen."[9]

Sicherlich ist es unzureichend, die Fabel allein aus ihrem Ursprung als Mittel der Sozialkritik erklären und darin für alle Zeiten ein fortdauerndes Strukturelement sehen zu wollen. Die Gattung hat im Laufe ihrer jahrhundertelangen Geschichte mannigfache Wandlungen durchgemacht.[10] Bei vielen ihrer her-

---

[7] Die politischen Anspielungen in den beiden ersten Büchern sind ausführlich untersucht worden von A. De Lorenzi, *Fedro*, Firenze 1955; Kap. XIII « Le allusioni politiche nei primi due libri », 109–118; – cf. ferner Nøjgaard, *La Fable* II 178 ff.; « Les allusions politico-personnelles dans la fiction »; ibid. 188: « Ses fables [sc. de Phèdre] expriment avec une clarté et une intensité unique dans les lettres latines les sentiments, les aspirations et les déceptions d'une classe sociale, lâchement trahie par les autres poètes qui en sont issu » (sic.).

[8] Hausrath, Artikel „Fabel" in *Realencyklopädie* 19, 2; Sp. 1478.

[9] Ibid. Sp. 1477; Quintilian spricht a. O. von den Fabeln Äsops, die bei der Erziehung vorzüglich dazu dienen könnten, das Kind zu einer geordneten und später ausgeschmückten Nacherzählung anzuleiten. Was zu La Fontaines Zeiten eine Selbstverständlichkeit war, die Fabeln nämlich als allgemein bekannter Stoff, an dem die Paraphrase und die Amplificatio erlernt werden, cf. oben S. 8 f., ist also offensichtlich schon zu Quintilians Zeiten nicht weniger üblich.

[10] Cf. für Frankreich die heute unzureichende, immerhin aber eine grobe Orientierung ermöglichende Monographie von L. Levrault, *La Fable, Evolution du Genre*, P., o. J. (1905); – neuerdings auch J. Janssens, *La Fable et les Fabulistes*, Bruxelles 1955; – für Italien C. Filosa, *La Favola e la letteratura esopiana in Italia dal medio evo ai nostri giorni*, Milano 1952; – für die deutsche Literatur E. Leibfried, *Fabel*,

ausragenden Vertreter aber ist dieser «invention de la servitude»[11] stets etwas Oppositionelles, Frondeurhaftes zu eigen gewesen. In der allegorischen Verkleidung bot die Gattung die Möglichkeit, das, was ausgedrückt werden sollte, offen zu sagen und es zugleich zu verhüllen. «L'apologue remonte à la plus haute antiquité, car il commença dès qu'il y eut des tyrans et des esclaves: on offre de face la vérité à son égal; on la laisse entrevoir de profil à son maître.»[12]

Im Gefolge der karolingischen Renaissance, da durch Paulus Diaconus der Versuch unternommen wird, die heidnische Fabelmoral mit der christlichen Ethik in Einklang zu bringen, wird diese Tradition zeitweilig unterbrochen. Die Fabel wird der christlich begründeten Ständeordnung entsprechend umgedeutet. „Ausschlaggebend ist [...] die bezeichnende Verschiebung phädrischer Tendenzen in der Fabelmoral des Paulus [...]. Hier hat die Tierwelt ihre Ordnungen, Ränge und Klassen, und was für die eine gut ist, ist es nicht für die andere. Nicht eine Spur von Sozialkritik; im Gegenteil."[13] Schirokauer weist nach, daß

Stuttgart ²1974; cf. vor allem 11 ff.: Leibfried steht der These von der „soziologischen Funktion" der Fabelgattung skeptisch gegenüber, wenngleich er sie als „nicht rein hypothetisch" ansieht; er verwahrt sich mit Recht gegen die „Verabsolutierung" einer Funktion, reagiert aber allergisch gegen eine konsequente und von ihm selbst als gerechtfertigt angesehene Interpretation K. Emmerichs (a. O. 74 ff.); – zur Fabel cf. auch R. Dithmar, *Die Fabel* a. O.

[11] Chamfort, *Eloge* 223.

[12] Ibid.; – trotz dieses Zitats, das ein entsprechendes Gattungsverständnis zu implizieren scheint, ist der *Eloge*, 1774 von der Acad. de Marseille preisgekrönt, ein charakteristisches Dokument der Kanonisierung eines „Klassikers" des «Siècle de Louis XIV»; Molière, Racine und Corneille dienen Chamfort ständig als Referenz. Er systematisiert gleichsam das Selbstverständnis der Zeitgenossen La Fontaines, das nirgends in Richtung auf eine inhaltsbezogene Würdigung der Fabeln transzendiert.

[13] A. Schirokauer, *Die Stellung Äsops in der Zeit des Mittelalters* in: Festschrift für W. Stammler, Berlin-Bielefeld 1953, 179–191; Zitat 182.

dieses Fabelverständnis für die von ihm untersuchte Epoche der deutschen Literatur bestimmend ist. Die festgefügte Feudalordnung habe eine an der Antike orientierte schöpferische Beschäftigung mit der Fabel nicht ermöglicht. „Warum sollte eine intakte Aristokratie eine Literatur pflegen, deren Neigung so deutlich dem Niedrigen, dem Nichtigen, dem Opfer galt?" [14] Erst im „Krisenjahrhundert von 1250–1350" werde die Fabel wieder zum Werkzeug der Sozialkritik.

Eine besondere Stellung nimmt Marie de France ein. Ähnlich wie bei Paulus Diaconus erhält auch bei ihr die Fabel eine standesbezogene Tendenz. Mit ihrem *Esope* habe die Verfasserin „die Tierfabeln *verritterlicht*, d. h. dem Ideal der höfisch-ritterlichen Welt dienstbar zu machen versucht" [15]. In ihrer Tierdichtung verrate sich „dieselbe ständisch-exklusive Sicht, dieselbe fraglose Absonderung der feudal-ritterlichen Gesellschaft, welche sich in der Märchenlandschaft des gleichzeitigen Artusromans ihre autonome Welt bildhaft vor Augen stellt" [16]. Der soziale Gegensatz zwischen „Reich" und „Arm" sei für Marie de France eine selbstverständliche Gegebenheit. Die sozial tiefer stehende Schicht und die ihr eigene Problematik finde im *Esope* keine Darstellung. Selbst dort, wo Marie für die *povres chevaliers* (!) Partei zu ergreifen scheine, „[gebe] sie den Standpunkt dessen nicht [preis], der *von oben urteilt*, belehrt und ermahnt". Die „monarchistische Tendenz" des *Esope* sei besonders durch die Tatsache unabweichbar, daß Marie nicht den Löwen, sondern den Wolf „zur tragenden Figur der Tyrannenfabel gemacht" [17] habe. Dadurch jedoch, daß dem Fuchs größere Sympathie als in Maries Vorlage entgegengebracht und ihm auch an einer Stelle das Epitheton *li sages* zuerteilt werde, scheine „ein neues Kriterium in die moralische Welt des *Esope* einzudringen, das sich mit dem Ethos der feudalen Gesellschaft

[14] A. O. 180.
[15] H. R. Jauss, *Untersuchungen zur mittelalterlichen Tierdichtung*, Tübingen 1959, 28.
[16] A. O. 47.
[17] A. O. 50 + 51.

im Grunde nicht mehr vereinbaren läßt: die *renardie*, der Inbegriff jener Weltklugheit, die den Geist einer anderen Zeit ankündigt" [18]. Auch der *Roman de Renart* des Pierre de Saint Cloud stelle, so befangen er als Ganzes in der aristokratischen Vorstellungswelt bleibe, „die bestehende Ordnung und Ethik der feudalen Gesellschaft in Frage" [19]. Denn die mittels des Tierepos erreichte Enthüllung alles menschlichen Handelns, auch des in höfischem Gewande dargestellten, aus kreatürlichen Impulsen führe hier erstmals zu einer Desintegration der ständisch-ritterlichen Welt.[20]

Clément Marot, unter der Anklage, das Fastengebot willentlich übertreten zu haben und [d'avoir]

> Mangé le lard et la chair toute crue

wird inhaftiert. Er dichtet die Fabel vom Löwen und von der Ratte *(Epistre à son amy Lyon)*, um im allegorischen Gewand des Tiergeschehens die Macht und den Nutzen der Schwachen zu dokumentieren.[21]

b) *Fabeltheorie bei La Fontaines Vorläufern und Zeitgenossen*

Angesichts des Schweigens der Poetiken ist es ein schwieriges Unterfangen, sicher bestimmen zu wollen, ob und möglicherweise in welchem Maße La Fontaine über den hier skizzierten Ursprung und die Funktion der Fabel informiert war. Immerhin erscheint es unbefriedigend und simplifizierend, allgemein in der Fabel nur ein Mittel für den Rhetorikunterricht in den Humaniora und in La Fontaines Fabeln insbesondere lediglich eine überdurchschnittlich geglückte und hochstehende Variation dieses Bemühens sehen zu wollen. Es konnte daher sinnvoll

---

[18] A. O. 54.
[19] A. O. 214.
[20] A. O. 219 + 225/226; – Hervorhebungen von Jauss.
[21] Ph. A. Becker, *Clément Marot*, München 1926, 39 ff.

erscheinen, theoretische Äußerungen zur Fabel außerhalb der traditionellen Poetiken aufzusuchen. Daraus geht zweierlei hervor. Zunächst: Das Wissen um den allegorischen Charakter der Fabel, die im Gewande des Tiergeschehens menschliche Begebenheiten und Wahrheiten ausdrückt, ist fester Bestandteil aller Überlegungen über die Fabel. Ebenso eindeutig geht aus den untersuchten Texten hervor, daß die Fabel ein vorzügliches Mittel in den Händen der sozial Schwachen ist, um den Mächtigen in nicht verletzender Weise *die* Wahrheit vorzutragen, die unverschlüsselt Ärger oder gar Zorn im Gefolge hätte.

In der wichtigsten Fabelsammlung des 16. Jahrhunderts, einer der sicheren Quellen La Fontaines, den *Fables du très ancien Esope phrygien* des Gilles Corrozet, findet sich ein umfangreiches Widmungsgedicht an Henri II, das vor allem den ersten Gedanken breit entfaltet.

Aus dem in paarweise gereimten, ca. 80 Zehnsilber umfassenden Widmungsbrief spricht die humanistische Entdeckerfreude des Verfassers über die Würde der unscheinbaren Gattung. Man kann sich an ihr ergötzen; zugleich aber verbindet sich das Ästhetische mit dem moralischen Nutzen; dabei scheint auf letzterem ein besonderer Akzent zu liegen. Durch die Widmung an den 23jährigen Henri II, der ab 1547 König sein wird [22], erhält die Fabelsammlung, ein mit ganzseitigen Holzstichen besonders kostspielig gestaltetes Bändchen, den Charakter eines Manifestes: Sie soll dem jungen Prinzen und künftigen Herrscher im allegorischen Gewande die Regeln der Lebens- und Staatsführung demonstrieren. La Fontaine wird sich bei der Widmung seiner äußerlich großzügig gestalteten 1. Fabelsammlung an den sechsjährigen Dauphin möglicherweise an den Widmungsbrief Corrozets erinnern. Zugleich tritt schon hier ein Verfahren zu Tage, dessen auch er sich mit besonderer Vorliebe bedienen wird: Das Sich-Verschanzen hinter der Autorität

---

[22] Corrozet, *Fables*, Vorrede « A tres hault & très puissant Prince monseigneur Henry, Dauphin de Viennois, Duc de Bretaigne, & premier enfant de France ».

Äsops, der ja eigentlich derjenige ist, der Lob und Tadel ausspricht und dem der französische Autor nur übersetzend folgt.

Ein außerordentlicher Erfolg war der Fabelsammlung des Jean Baudoin beschieden, die folgenden Titel trägt: *Les Fables d'Esope Phrygien, illustrées de Discours Moraux, Philosophiques, & Politiques* [23]. Durch das Hinzufügen des Adjektives *Politique* im Untertitel werden die äsopschen Fabeln hier, offensichtlich zum ersten Mal, ausdrücklich in eine deutliche Verbindung zum gesellschaftlich-politischen Geschehen gebracht. Jeder der 118 Fabeln des 712 Seiten umfangreichen Bandes folgt ein weitschweifiger Kommentar, in dem Baudoin, gestützt vor allem auf historische Beispiele, zeigt, welche moralischen und politischen Nutzanwendungen man aus der jeweiligen Fabel ziehen kann. In der hier verwendeten vierten Auflage aus dem Jahre 1639 heißt es in einer einleitenden *Epistre* an den Empfänger der Sammlung u. a.: « Je me persuade d'avoir comme renouvellé tout l'Ouvrage par les divers Raisonnements de Morale & de Politique, qu'en chaque Discours j'ay entremeslés à des Conseils & à des Exemples tirés de l'Histoire. » Weiter spricht Baudoin von « L'explication que je donne aux Allégories de cet Esclave illustre [...]. *Par elles, ce Trompeur salutaire fait voir la Vérité toute nue à l'Ombre du Mensonge dont il la couvre; et par elles mêmes il met à la raison ceux qui n'en ont point, en se servant de l'exemple des créatures irraisonnables. Il représente pour cet effet les Ames rampantes par les Serpens attachés à la terre; la Ruze et la Cruauté par le Renard et le Loup; l'Aveuglement de l'esprit et la malice noire, par le Chathuant & par le Corbeau; comme au contraire il nous dépeint les plus hautes de toutes les Vertus par les plus nobles de tous les Animaux, le Lion & l'Aigle.* » Es kann hier nicht untersucht

---

[23] Baudoin, *Fables*; – der von mir benutzte Text ist als « Quatrième Edition » ausgezeichnet. Hier dürfte es sich um einen Irrtum handeln; frühere Ausgaben konnte ich nicht ausmachen. Das Buch hatte einen großen Erfolg: Die Bibliothèque Nationale besitzt Neuauflagen aus den Jahren 1659, 1670, 1683, 1701.

werden, inwieweit Baudoins Fabeln auf konkrete aktuelle Ereignisse anspielen. Seine *Discours* jedenfalls halten sich, selbst wenn häufig durch präzise historische Beispiele gestützt, in einem allgemeinverbindlichen überzeitlichen moralischen und politischen Rahmen. Wichtig dürfte für La Fontaine jedoch die immer wieder praktizierte „politische" Deutung einzelner Fabeln gewesen sein. Darüber hinaus finden sich bei Baudoin zahlreiche Gedanken zum Verständnis der Fabel, die nur geringfügig abgewandelt bei La Fontaine wiederzufinden sein werden. So heißt es in einer theoretisierenden Vorrede *Au Lecteur sur le sujet des Fables* u. a. « Je commenceray donc par la définition de la Fable, que j'appelle proprement *une Feinte, qui par quelque ressemblance représente la Vérité*. Quant à *l'invention des Fables, elle appartient plutôt aux Poètes* qu'aux Philosophes, qui ne s'attachent qu'à la vérité des Choses; au lieu que *les Poètes nous y conduisent par certains détours agréables, qu'ils enveloppent de contes faits à plaisir*. Car pour ne sortir des bornes de leur Art, ils inventent ingénieusement ce que bon leur semble; & cela leur réussit avecque tant de bonheur, *que de leurs mensonges mêmes les excellens hommes en tirent des vérités & des méditations ravissantes.* »[24]

Die Fabeln als Spiegelbild für das Verhalten der Könige ist der Untertitel der indischen Fabelsammlung des Pilpay, 1644 als *Le Livre des Lumières* ins Französische übersetzt und für La Fontaine eine der wichtigen Quellen seiner 2. Fabelsammlung. Es ist anzunehmen, daß er das Buch trotz des frühen Erscheinungsdatums erst nach der Veröffentlichung der 1. Sammlung kennengelernt hat. Inwieweit die in der Vorrede *Au Lecteur* geäußerten Gedanken daher bei ihm gewirkt haben, läßt sich nicht abschätzen. Da die genannte Vorrede jedoch ein Kommentar des Übersetzers (!) ist, ist anzunehmen, daß es sich um vertrautes Gedankengut der Zeit handelt. Wie kein französischsprachiger Text betont die Vorrede die sozialkritische Funk-

---

[24] Ibid. « Au Lecteur sur le sujet des Fables », nicht paginiert; Hervorhebungen von Baudoin.

tion der Fabeln in einem hierarchisch geordneten Gesellschaftsgefüge. Nach der durch zahlreiche historische Beispiele gestützten Behauptung, die Fabel eigne sich vorzüglich dazu « d'enseigner par paraboles », heißt es: « La seconde raison à mon avis, pourquoy les Orientaux enseignent par paraboles, [est] parce que presque toutes les Monarchies de l'Orient sont despotiques ou seigneuriales; si bien que *les subjets n'étant pas libres,* ny dans leur vie ny dans leur conseils, comme [ces] peuples sont ingénieux, *ils ont trouvé cet artifice de conseiller leurs Rois, leur faisant parler des animaux & sans estre les autheurs de quelque dangereux avis,* ils ont fait dire à un Renard & à un Loup ce que les plus hardis Conseillers n'osent avoir proféré devant la face de leur Prince, laquelle ne leur est pas seulement vénérable, mais toujours terrible, puisqu'ils les traitent en esclaves par effet, comme ils leur en donnent le nom, & quand ils leurs parlent ou écrivent. » [25]

Die vorwiegend „politische" Aussagekraft der Fabeln kommt wenig später programmatisch in einer Fabelsammlung zum Ausdruck, die ohne Zweifel ebenfalls zu den La Fontaine bekannten Büchern gehört hat. Den *Fables héroïques, comprenans les véritables Maximes de la Politique et de la Morale* des M. Audin war ein beachtlicher Erfolg beschieden (1648, 1660, 1669). Das Buch enthält in der einleitenden *Apologie en Faveur des Fables* eine der wenigen verhältnismäßig langen theoretischen Äußerungen zur Fabel. La Fontaine, der sich für einen Abschnitt seiner Préface an Audin inspiriert haben dürfte,[26] wird auch mit dem Rest der Vorrede vertraut gewesen sein. Dort heißt es u. a.: « Sous le nom de Fables je n'entends pas d'authoriser les contes, ny les sornettes des vieilles; mais bien celles, qui pour être artistement & iudicieusement inventées,

---

[25] Pilpay, *Le Livre des Lumières*; « Au Lecteur », verfaßt vom Übersetzer David Sahid.

[26] Es handelt sich um die theologische Rechtfertigung der antikheidnischen Fabel, die aus diesem Grunde mit dem biblischen Gleichnis gleichgesetzt wird.

confirment les Sages dans la recherche de la vertu, font abhorrer le vice aux méchans & donnent de grandes lumières à ceux qui sont les Chefs, & les Arbitres de la vie Civile. » Der sich anschließende Gedanke, es sei eine Dummheit, die Fabeln verurteilen zu wollen, weil sie einem Sklaven besser anstünden, bestätigt in seiner ablehnenden Form die Persistenz der entgegengesetzten Argumentation. Zum ersten Mal wird hier innerhalb des theoretischen Schrifttums zur Fabel indirekt ein Widerstand gegen den „Oppositions"-Charakter der Gattung spürbar, der schon an die zahlreichen Schwierigkeiten gemahnt, denen La Fontaine sich später konfrontiert sehen wird. Daher hat es Audin eilig, an mehreren Beispielen zu demonstrieren, daß die Fabel umgekehrt in den Händen der politisch Mächtigen ein Mittel der Beherrschung sein kann. « C'est une marque d'ignorance de les vouloir condamner par *cette impertinente raison, que ce langage seroit plus séant dans la bouche d'un Esclave que dans celle d'un homme qui a quelque part honorable dans la République.* Pour les confondre, je n'ay qu'à leur représenter que Démosthène ne trouva pas de meilleur moyen, pour vaincre l'opiniâtreté des Athéniens que de les entretenir de la gayeté d'une Fable. Platon en a parsemé ses Loix, comme de riches fleurs; et les Poètes de l'Antiquité s'en sont adroitement servis, pour *faire recevoir plus doucement à des Peuples Barbares les Mystères sacrés de leur Théologie.* Mnennius Agrippa, par la Fable des pieds & des mains, qui refusoient de travailler [...] *persuada au Peuple de rentrer en grâce avec le Sénat,* de reprendre ses exercices ordinaires dans la ville de Rome. »

Ihre politische Brisanz gewinnen die von Audin angestellten Überlegungen durch die Widmung seines Buches an den Kanzler Séguier. Aufschlußreich ist schließlich die ausdrückliche Ablehnung der Legende, die Fabeln seien primär als Kinderlektüre gedacht. Für Audin hat die Gattung im literarischen Haushalt eine umfassendere Funktion: Sie soll ordnungsstiftend für das gesamte Gemeinwesen wirken und jedem Glied der Gesellschaft seine Aufgabe sinnfällig vor Augen führen: « *Les ignorans ne laisseront pas de croire que l'incomparable Esope n'a inventé les Fables, que pour faire taire les Enfans,* quand ils pleurent, ou pour les endomir plus facilement quand on les berce. Et néanmoins *la vray Politique s'y voit honorablement établie;* la façon de bien vivre s'y trouve dépeinte avec toutes ses couleurs; *la charge du Prince, le devoir du Peuple, le bonheur de la République s'y font remarquer avec respect,* & admirer de tous ceux qui en conservent les moindres idées [...]. *Quoyque la Fable semble ridicule* pour introduire des Animaux & des Arbres qui parlent, *elle n'en est pas moins profitable;* au contraire, elle est d'autant plus à rechercher que le suc qu'elle enferme artistement, est le vray Nectar & l'Ambroisie des Dieux. » [27]

Wie sehr der Gedanke der Oppositionsfunktion der Fabel Allgemeingut der Zeit gewesen sein muß, bestätigt schließlich Furetière drei Jahre nach Erscheinen von La Fontaines 1. Fabelsammlung. Ähnlich wie Audin verwirft auch er eine derart eingeschränkte Bedeutung der Fabeln. Dem Titel seiner Sammlung entsprechend sieht er den Sinn der Fabel in einer allgemeinen moralischen Belehrung. Immerhin zeigt auch bei ihm die negative Formulierung, wie beherrschend der gegenteilige positive Gedankengang gewesen sein muß: « Quelques-uns ont cru que *leurs savants avoient été obligés d'envelopper leurs préceptes dans ces fictions, pour les insinuer plus doucement* dans l'esprit de leurs Princes, en des pays où la pluspart des gouvernements étant Despotiques, il faisoit dangereux de dire des vérités toutes nues. Mais à mon avis on en peut donner une raison plus générale. C'est qu'il n'y a point d'instruction qui soit plus naturelle ou qui nous touche plus vivement [...]. Leur exemple [sc. des animaux] est bien plus prompt à nous redresser que la raillerie de nos semblables. » [28] Ein angemessenes Verständnis von La Fontaines Fabeln kann diese im Begriff der Gattung offensichtlich implizierten Erwartungen nicht unberücksichtigt

---

[27] Audin, *Fables héroïques;* alle Zitate in « Apologie », nicht paginiert.

[28] Furetière, *Fables,* « Au Lecteur », nicht paginiert.

lassen, ohne sich dem Vorwurf des Mißverständnisses auszusetzen.

c) *Selbstverständnis La Fontaines: plaire et instruire*

Von diesen nur schwer zu übersehenden Äußerungen abgesehen, hat sich La Fontaine an den verschiedensten Stellen über den Aussagewert seiner Fabeln ausgesprochen. An der bereits oben [29] zitierten Stelle der Vorrede hieß es, daß man *allen* Dingen « un certain charme, un air agréable » beigeben könne, « même les plus sérieux ». Der steigernd hinzugefügte Nachsatz bildet den Übergang zum folgenden Abschnitt der Vorrede. In ihm betont La Fontaine die Vorrangigkeit des Inhalts gegenüber der Form: « Mais ce n'est pas tant par la forme que j'ai donnée à cet ouvrage qu'on en doit mesurer le prix que par son utilité et par sa matière. » Die Fabeln seien etwas so Göttliches, so verläuft in Übereinstimmung mit bereits bekannten Äußerungen Audins und des *Livre des Lumières* die weitere Argumentation, daß man sie in der Antike sogar Sokrates zugeschrieben habe. Übersteigernd drückt La Fontaine sodann sein Befremden darüber aus, daß man die Fabeln nicht direkt vom Himmel habe herabsteigen lassen. Im Christentum komme die Wahrheit in Form von Gleichnissen zum Ausdruck. Sei aber das Gleichnis etwas anderes als eine Fabel, « c'est-à-dire *un exemple fabuleux, et qui s'insinue avec d'autant plus de facilité et d'effet qu'il est plus commun et plus familier?* » Den Höhepunkt seiner Fabelapologie erreicht La Fontaine im folgenden Abschnitt: Einige Stellen aus Platons *Staat* [30] eigenwillig interpretierend, räumt er dem Fabeldichter Äsop einen Platz im Gemeinwesen ein, während Homer aus ihm vertrieben wird. Wenig später heißt es von den Fabeln: « Ces badineries ne sont telles qu'en apparence; car dans le fond elles portent un sens

[29] Cf. oben S. 8 f.

[30] Staat II 377 b–d; III 398 a+b; – die Stelle II 377 c hatte neben anderen bereits der *Mythologia Aesopica* des Nevelet als Motto gedient.

très solide. »³¹ Die hier referierte Stelle steht nicht isoliert im Werk La Fontaines. Vor allem die Prosawidmung *A Monseigneur le Dauphin* der 1. Sammlung und die Einleitungsfabeln der Bücher V und VI sowie der *Discours à Mme de Montespan* zu Beginn der 2. Sammlung drücken abgewandelt die gleichen Gedanken aus. Am unmißverständlichsten sind die einleitenden Verse der Fabel VI 1:

> Les fables ne sont pas ce qu'elles semblent être;
> Le plus simple animal nous y tient lieu de maître.
> *Une morale nue apporte de l'ennui:*
> *Le conte fait passer le précepte avec lui.*
> *En ces sortes de feinte il faut instruire et plaire,*
> *Et conter pour conter me semble peu d'affaire.*
> C'est par cette raison qu'égayant leur esprit,
> Nombre de gens fameux en ce genre ont écrit.
> Tous ont fui l'ornement et le trop d'étendue.
> On ne voit point chez eux de parole perdue.
>
> (1–10)

Das nur scheinbar Vordergründige der Fabeln; ihr allgemein allegorischer und lehrhafter Charakter; die Notwendigkeit der Ausschmückung, damit die pädagogische Absicht auch erreicht werde; der Verzicht jedoch auf Kunst nur um der Kunst willen, die ausdrückliche Absage also an einen aussagearmen Ästhetizismus, – all das kommt in diesen Versen mit kaum zu überbietender Klarheit zum Ausdruck: Die Fabel ist auch für La Fontaine voll aussagehaltig; sie *ist* Wahrheitsträger. Die Wahrheit, die in ihr zum Ausdruck kommt, ist jedoch in erster Linie nicht eine *allgemein* menschliche Wahrheit, die überzeitliche Gültigkeit beanspruchen möchte. Dies ist ein Moment, das bei La Fontaine zweifellos hinzukommt. Primär aber versteht er seine Fabeln als Ausdruck *seiner* Gegenwart. Sein Verhältnis zu Äsop und Phädrus präzisierend, schreibt er:

> Si j'ajoute du mien à son invention,
> *C'est pour peindre nos mœurs, et non point par envie:*

---

³¹ *Préface*, Ed. Couton 8/9.

> *Je suis trop au-dessous de cette ambition.*
> Phèdre enchérit souvent par un motif de gloire;
> *Pour moi, de tels pensers me seraient malséants.*
>
> (IV 18,3 ff.)

Auch an anderer Stelle betont er den zeitbezogenen Charakter seines Werkes.[32]

Von diesen speziell auf die Fabeln bezogenen Äußerungen abgesehen, hat sich La Fontaine zeit seines Lebens gegen ein aussageleeres Nachahmungsprinzip ausgesprochen. Bereits in der *Clymène* finden sich die heftigen Verse:

> ... *vouloir qu'on imite aucun original*
> *N'est mon but,* ni ne doit non plus être le vôtre,
> *Hors ce qu'on fait passer d'une langue en une autre.*
> C'est un bétail servile et sot, à mon avis,
> Que les imitateurs ...[33]

Sehr viel später (1687) greift La Fontaine in seiner programmatischen *Epître à Huet* das gleiche Bild noch einmal auf und gibt diesem zentralen Gedanken seiner Poetik eine bündige, schlagwortartige Fassung:

> J'attends beaucoup de l'art, beaucoup plus du sujet.[34]

[32] Der Ausdruck « peindre *nos* mœurs » mag zunächst zweideutig erscheinen; einmal kann er ausdrücken: *unsere menschlichen* Lebensgewohnheiten im Gegensatz zu denen der Tiere; darüber hinaus kann man verstehen: unsere *heutigen* Lebensgewohnheiten; dieses zweite Verständnis ist im Zusammenhang des Abschnitts ohne Zweifel vorzuziehen: Das Hinzufügen (ajouter) von Neuem und Persönlichem zu den altbekannten Stoffen ist durch die neue Zeitbezogenheit bedingt; – cf. auch Fabeln V 1, 18–20: « Tantôt je peins en un récit / La sotte vanité jointe avecque l'envie, / Deux pivots sur qui roule *aujourd'hui notre vie* ».

[33] Clymène V. 341 ff., OD 34; – cf. auch in den *Contes* (1666) *La Servante justifiée* Vers 14–16: « J'y mets du mien selon les occurences. / C'est ma coutume; et sans telles licences / Je quitterais la charge de conteur. »

[34] *A Monseigneur l'Evêque de Soissons* V. 88, OD 649; cf. ibid. auch V. 21–28, wo abgewandelt der schon in Clymène ausgedrückte Gedanke formuliert wird.

Hinter solchen Äußerungen, die das Horaz'sche „prodesse et delectare" aufnehmen, steht die auch für La Fontaine verbindliche Überzeugung, daß das Kunstwerk in erster Linie Aussagefunktion hat. In dieser Hinsicht stimmt er mit den großen Schriftstellern seiner Zeit voll überein. Wie Bray gezeigt hat, ordnen sie sich fast einstimmig der von Chapelain formulierten Forderung unter: « La fin de la poésie [est] l'utilité, bien que procurée par le moyen du plaisir. » Durch diesen Satz wird die Wichtigkeit des « plaire » als eines Mittels zur Erreichung des « instruire » eindeutig festgelegt, zugleich auch die Aussage als das Wesentliche der Dichtung angesehen, dem sich das Ästhetische unterordnet. Deutlicher formuliert Chapelain das funktionale Wechselverhältnis von Inhalt und Form wenig später: « Il est certain que la vraie fin de la poésie est l'utilité, consistant en cette purgation [sc. des passions], mais qui ne s'obtient que par le seul plaisir [...]; de façon que sans plaisir il n'y a point de poésie, et que plus le plaisir se rencontre en elle, plus elle est poésie, et mieux acquiert-on son but qui est l'utilité. »[35]

Im Dienste der Erreichung dieses Ziels steht schließlich auch die Allegorie, die für Chapelain fester und notwendiger Bestandteil des Kunstwerkes ist: « L'allégorie donc de la commune opinion des bons esprits, fait partie de l'idée du poème. » Dieser Satz bezieht sich zunächst auf das Epos. Doch demonstriert Chapelain sodann die Notwendigkeit der Allegorie an den Fabeln Äsops: Trotz des Mangels an « vraisemblance » und « vérité » beinhalteten sie eine sinnvolle Aussage, die der Leser unmittelbar erkenne, indem er sich von dem fiktiven Tiergeschehen der sich dahinter verbergenden Wahrheit zuwende: « De quoi nous avons une notable preuve dans les fables qu'Esope a données à son pays. *Ont-elles aucune vraisemblance, non pas seulement vérité, pour ce qui est des arraisonnements,*

---

[35] J. Chapelain, *Préface à l'Adonis,* Ed. E. Bovet, in: *Aus Romanischen Sprachen und Literaturen,* Festschrift Heinrich Morf, Halle 1903, 30–52; Zitat 43 + 44; – Bray, *Formation* 63 ff.

paroles, subtilités, prévoyances et autres choses qu'il attribue à ses animaux? *Et néanmoins elles ont passé jusqu'à nous, avec un applaudissement général du monde, qui lisant la fable va soudain à son sens,* c'est-à-dire à l'autre espèce désignée, appliquant utilement ce qu'il dit d'une impossible à une possible, sans s'amuser à en examiner la possibilité. » [36]

Aus all dem ergibt sich: Der Mangel an « vraisemblance », unter dem die Fabel auf den ersten Blick zu leiden scheint, hindert den Leser nicht, unmittelbar zu der sich dahinter verbergenden Wahrheit durchzustoßen. Fabelkritik aber, sofern sie auf « utilité » bedacht ist, also ihren Leser erreichen will, *muß* sich mit dem gefälligen Gewand einer makellosen Form umgeben; denn nur das ästhetisch geglückte Kunstwerk hat ein Anrecht auf Kritik. Dies ist ganz offensichtlich auch der Sinn einer so schwer zugänglichen Fabel wie *L'Homme et son Image* (I 11): Vor den *natürlichen* Spiegeln, die die Laster seiner Mitmenschen (und natürlich auch seine eigenen) darstellen, flüchtet der Narcisse dieser Fabel in die Einsamkeit. Dem *kunstvollen* « canal » von La Rochefoucaulds *Maximes* kann er sich jedoch nicht entziehen:

> Il fait tout ce qu'il peut pour éviter cette eau;
> Mais quoi, le canal est si beau
> Qu'il ne le quitte qu'avec peine.
>
> (18–20)

Das Kunstwerk erhält durch die schöne Form und den glänzenden Schein nicht nur den Charakter der Selbstzweckhaftigkeit; « plaire » und « instruire » halten sich in glücklicher Weise das Gleichgewicht, selbst wenn, so paradox das klingen mag, die moralische Lehre die eigentliche Zielsetzung des Kunstwerks, und erst recht der Fabel bleibt.

---

[36] Chapelain, *Préface* 39.

IV. DIE INHALTSBEZOGENE INTERPRETATION DER FABELN

a) Die Aufnahme der Fabeln zur Zeit der französischen Revolution

La Fontaines Fabeln auch gehaltlich Relevanz beizumessen, ihnen trotz des traditionellen Inhalts eine erneuerte, individuelle Aussagekraft zuzugestehen, ist eine Weise des Verstehens, die großenteils neben der bisher skizzierten, vorwiegend ästhetisierenden einherging. Doch waren die Kriterien der Beurteilung zunächst weniger aus dem Werk selbst und aus La Fontaines persönlicher gesellschaftlicher und geschichtlicher Situation hergeleitet, sondern spontan bedingt durch die Lage des jeweiligen Lesers.[1] So hatte im Gefolge der französischen Aufklärung vor allem das ausgehende 18. Jahrhundert eine entschieden sozialkritische Interpretation der La Fontaine'schen Fabeln praktiziert. Das ist um so bedeutsamer, als Voltaires theoretische Äußerungen zur Fabel[2] an die ästhetisierende Würdigung des 17. Jahrhunderts anschlossen und Diderot in der *Encyclopédie* die Fabel gar nicht behandeln ließ. Erst im letzten Viertel des Jahrhunderts erkennt man die eminent politische Tragweite der La Fontaine'schen Fabeln und drückt das Befremden über das dem Dichter von seinen Zeitgenossen zuteil gewordene Unverständnis aus. Jetzt erst scheint die Zeit reif für eine vorwiegend inhaltsbezogene Würdigung der Fabelsammlung. In seiner *Notice sur la vie de La Fontaine* sieht Naigeon dafür zwei

[1] Es kann sich im folgenden nicht darum handeln, eine detaillierte Geschichte der La Fontaine-Rezeption zu geben; cf. dazu Raasch, *Entwicklung,* auf dessen Darstellung ich mich besonders für die Zeit des ausgehenden 18. Jahrhunderts stütze.

[2] Voltaire, *Dictionnaire philosophique,* Art. « Fable ».

Gründe: Einmal das notwendige Unverständnis, das jedem Genie von seiner eigenen Epoche entgegengebracht werde; zum anderen aber die Unkenntnis der sozial- und zeitkritischen Tendenz der Fabelgattung:

« Personne alors n'avoit réfléchi sur le caractère, la forme et le but de l'apologue. »[3] Infolgedessen habe auch niemand erkennen können, « le but souvent très éloigné qu'il [sc. La Fontaine] s'est proposé dans ses fables »[4]. Von diesen zwei Gründen wird vor allem das zweite in der Folgezeit an Boden gewinnen. Erst jetzt knüpfen die Herausgeber und Kommentatoren, bedingt durch die Erfahrungen der Französischen Revolution, aber auch der napoleonischen Ära, an ein Verständnis der Fabelgattung an, wie es in theoretischen Äußerungen *vor* La Fontaine mehrfach formuliert worden war. So schließt der anonyme Herausgeber eines Auswahlbandes von 74 Fabeln sein *Avertissement* mit folgender hymnischer Apostrophe an La Fontaine: « O bon La Fontaine! poète enchanteur, inimitable, toi l'écrivain de tous les temps et de tous les lieux, si l'on s'est trompé, dans le siècle où tu as vécu, sur le but réel que tu t'étais proposé dans tes fables, c'est que cet âge était celui des illusions; il était réservé au nôtre, qui est le siècle d'une raison sévère, et dans ces temps de calamités surtout, de les apprécier à leur juste valeur! »[5] Bereits 1772 hatte Dorat in der Einleitung einer von ihm verfaßten Fabelsammlung geschrieben: « Phèdre étoit Esclave, & il fut l'imitateur d'Esope. Pilpai n'en étoit pas moins dans la servitude. »[6] Ähnlich äußert sich Naigeon. Auch er sieht den Ursprung der Fabeldichtung bei « des esclaves acca-

---

[3] J. A. Naigeon, *Fables de La Fontaine*, P. 1787, 2 Bde.; « Notice » Bd. I, S. XXXVII–XXXIX.

[4] Ibid. S. XLI/XLII.

[5] *Le Génie de La Fontaine ou Choix de ses plus belles Fables*, et de celles de ce Poète célèbre qui sont relatives à la morale et à la politique; accompagné de notes et d'observations tirées de ses commentateurs, Dijon-Paris 1817, S. V/VI.

[6] C.-J. Dorat, *Fables ou Allégories Philosophiques*, La Haye 1772; « Reflexions préliminaires » S. III.

blés sous le poids de leurs fers »; die Freude der Orientalen an der Gattung sei « l'effet naturel et nécessaire de la tyrannie sous laquelle ils gémissent depuis si longtemps » [7]. Wenig später heißt es: « La fable peut convenir à des peuples enchaînés sous les lois d'un maître farouche; c'est le murmure involontaire de l'opprimé qui n'ose parler, et qui ne peut se taire; alors il enveloppe sa plainte, il devient fabuliste ou bouffon. » [8] In gleicher Weise hatte sich bereits Dorat geäußert: « La fable est née d'une espèce de combat entre la liberté de penser, & la crainte de déplaire. Grâce à ces utiles emblêmes, le génie éluda la fougue de l'autorité, combat les passions des Grands, sans s'exposer à leur injustice, cache sous la fiction qui amuse la leçon qui effarouche, & reprend son empire en paroissant l'abandonner. L'Apologue considéré sous cet aspect est un voile dont la vérité se sert pour apprivoiser l'amour-propre, & aborder la tyrannie. » [9] La Fontaine habe sich in einer Situation befunden,

[7] J.-A. Naigeon, *Fables* S. LIV.

[8] Ibid.; — Die Geschichte der Mißverständnisse der Fabeln will es, daß die Ausgabe, in der Naigeons « Notice » erstmals abgedruckt ist, folgenden Zusatz aufweist: « Imprimé par ordre du Roi pour l'Education de Monseigneur le Dauphin ».

[9] Dorat, *Fables* S. III/IV; — Der Kuriosität halber seien drei Beispiele angeführt: In der 1803 erschienenen Sammlung *La Fontaine et tous les fabulistes, comparé avec ses modèles et ses imitateurs*; Nouvelle Edition [...] par M. N. S. Guillon, 2 Bde., Paris-Milan An XI = 1803 finden sich u. a. folgende Kommentare: Zu I 10 *Le Loup et l'Agneau*: « Cet apologue fait, en une demi-page, toute l'histoire de la révolution. Changez les noms: C'est d'un côté Robespierre, et de l'autre tant de milliers d'innocentes victimes »; I 36; — Zu VII 1 *Les Animaux malades de la Peste* Vers 60–62: « Manger l'herbe d'autrui! quel crime abominable! / Rien que la mort n'était capable / D'expier son forfait: on le lui fit bien voir », lautet der abschließende Kommentar: « Ces vers forment l'analyse de la fable, les conclusions du rapporteur, l'acte d'accusation, la sentence de mort, et le refrain de l'assemblée contre l'accusé. Français Révolutionnaires, comment se fait-il que cette fable soit notre histoire? » II 15; — zu dem Satz « La puissance fait tout » (*Les Poissons et le Berger qui joue de la Flûte*

die der der antiken Fabeldichter vergleichbar sei. Zwar erkennt man seine „großbürgerliche" Herkunft: « La Fontaine, l'inimitable La Fontaine étoit né dans une condition honnête & libre; mais la timidité de son caractère sembloit être pour lui l'équivalent de l'esclavage. »[10] Zunächst habe er nur unter seinen Mitmenschen zu leiden gehabt, „doch schon bald identifizierte man Ludwig XIV [...] mit Gestalten aus den Fabeln selbst, so daß die Fabeln den Beigeschmack von Ironie und Satire erhalten"[11]. La Fontaine wird zum Märtyrer stilisiert, der es gewagt habe, seinem König moralische Vorhaltungen zu machen. Eine derartige Interpretation, die in La Fontaines Fabeln primär eine politische Allegorie mit allgemeiner, die Zeiten überdauernder Bedeutung sieht, die sich zufällig zu diesem historischen Zeitpunkt, aber auch zu zahllosen anderen von besonderer Aktualität erweisen kann, findet sich noch vereinzelt zu Beginn des 19. Jahrhunderts. So liest man im Vorwort des bereits zitierten Auswahlbandes aus dem Jahre 1817: « On lui [sc. La Fontaine] a supposé le but de plaire et d'amuser, plutôt que celui d'instruire. » Doch seien die Fabeln « le meilleur ouvrage de morale et le plus profond traité de politique qui existe ». Von der vorgelegten Fabelauswahl heißt es weiter: « Les 74 fables qui ont servi à le composer, sont notre histoire; elles sont presque toutes relatives à la révolution française et aux événe-

---

X 10, 35) schreibt Guillon: « L'expérience de six années de malheurs, comparables aux seuls forfaits qui les ont amenés, a prononcé entre cette sentence de La Fontaine, et les systèmes de la politique nouvelle. Mais aussi, de cette opposition de principes sort une affreuse vérité; qu'il eût vécu de nos jours, cet homme si bon, si excellent, on lui eût fait un crime d'avoir pensé comme quarante siècles, d'avoir dit ce que nous voyons; et pour ce prétendu crime, peut-être moins encore, sa tête, la tête de La Fontaine fût tombée sur un échafaud!!! » (sic); II 287.

[10] Dorat, *Fables* S. IV.
[11] Raasch, *Entwicklung* 72; – ibid. weitere Belege zur Rezeption La Fontaines während der Revolution.

mens actuels. »¹² Aufs ganze gesehen aber bleibt die politisch-allegorische Interpretation der Fabeln eine vornehmlich an die französische Revolution gebundene Episode. Die Gestalt des historischen La Fontaine und seine unwiederholbar geschichtliche Situation sind dabei von untergeordnetem Interesse. Zwar ist man gewillt, in ihm einen Gefährten der Knechtschaft zu sehen; wichtiger aber ist, daß seine Fabeln dank ihres allegorischen Charakters die wiederholbare Situation des jeweils neuen Lesers auszudrücken im Stande sind.¹³

12 Cf. oben Anm. 5, op. cit., S. III–V.
13 Aus dem gleichen Geist heraus ist nach dem 2. Weltkrieg die Fabelauswahl von André Siegfried *La Fontaine, Machiavel Français* P. 1955, entstanden, die in ihrer Anlage und der Auswahl der Fabeln überraschende Übereinstimmung mit der oben genannten aufweist. – Bereits bei Ausbruch des 2. Weltkrieges war ein kleiner Bildband erschienen, der 10 Fabeln La Fontaines auf Hitlers immer deutlicher werdende Machtpolitik bezog: *Les Fables de La Fontaine et Hitler*, illustrées par J. Y. Maas et D. Collot, P. 1939, 32 S.; darin wird Hitler z. B. als Wolf dargestellt, der das Lamm Polen erwürgt (= I 10 *Le Loup et l'Agneau*); – auf einem anderen Bild ist Hitler der Wolf, der mit den Lämmern einen Friedensvertrag unterzeichnet, den er ebenso wenig halten wird, wie die Wölfe der entsprechenden Fabel *Les Loups et les Brebis* (III 13) ihr Versprechen halten; doch der Optimismus scheint in diesem außerordentlich anschaulichen Bändchen vorzuherrschen: So wird Hitler u. a. als die Eiche dargestellt, die der Nordwind zu Fall bringt, während das Schilfrohr mit dem Leben davonkommt (= *Le Chêne et le Roseau* I 22); an anderer Stelle ist Hitler der Frosch, der sich aufblähen möchte wie der riesige Ochse, auf dem eine Landkarte Europas eingezeichnet ist; ein zweites Bild stellt den platzenden Frosch dar, dessen Knall den Ochsen beinahe verdeckt, während sich ein anderer Frosch kopfüber ins Wasser rettet (= *La Grenouille qui se veut faire aussi grosse que le Bœuf* I 3); – *L'Astrologue qui se laisse tomber dans un puits* (II 13) dient dazu, Hitler mit seinem Fernrohr am Fenster sitzend zu zeigen, wie er sich selbst als Beherrscher des mit Hakenkreuzen übersäten Mondes beobachtet. Doch fällt nicht der Sterngucker der Fabel letztlich in den Brunnen? – Auf einem anderen Bild schließlich ist Hitler die Milchbäuerin Perrette; die Milchkanne auf dem Kopfe tragend, geht er

*b) Die biographisch-historische La Fontaine-Forschung:
Walckenaer, S. M. Girardin, Taine*

Die erste aus neu erwachtem historischen Bewußtsein heraus unternommene Würdigung La Fontaines ist die *Histoire de la vie et des ouvrages de Jean de La Fontaine* (1820). Diese früheste, wissenschaftlichen Kriterien verpflichtete Gesamtdarstellung La Fontaines ist nach dem heute noch verwendeten « L'Homme-et-l'Œuvre »-Prinzip angelegt; in zahlreichen Details ist dieses kaum zugängliche Buch veraltet, sein Wert besteht jedoch darin, daß Walckenaer inzwischen verlorengegangene Dokumente zur Verfügung standen, die teilweise bei ihm abgedruckt sind. Als Referenz zu Biographie und Werk La Fontaines ist das Buch unersetzbar. – Im Zusammenhang der nun einsetzenden, zunächst biographisch-historisch orientierten La Fontaine-Kritik taucht im Gefolge des zuvor skizzierten Verständnisses der Fabeln während der französischen Revolution immer wieder das Bild von La Fontaine als dem Kritiker seiner Zeit auf, dessen Beobachtungen in den Fabeln einen direkten Niederschlag gefunden haben (Walckenaer hatte diesen Gesichtspunkt nicht berücksichtigt). Im folgenden sollen die Hauptlinien dieser Entwicklung gezeigt werden, wobei eine Beschränkung auf deren wichtigste Etappen unumgänglich ist.

Seinem biographischen, zeit- und gattungsgeschichtlichen Ansatz entsprechend ist es konsequent, wenn S. M. Girardin in

seinen Träumen nach; diese sind auf dem oberen Teil des Bildes skizziert: Hitler, der seine Arme nach dem Mond ausstreckt; Hitler, vor dem Eiffelturm, der ihn mit „Heil Hitler" begrüßt; Hitler mit zum Gruße erhobenem rechten Arm auf dem englischen Inselreich sitzend. Doch auch die Träume Perrettes werden ja durch ihren Sturz zunichte gemacht. – Der Band scheint eine bibliophile Seltenheit zu sein. Er war mir nur in der Bibliothèque Nationale zugänglich (4° Ye Pièce 2272). Er demonstriert sinnfällig, zu welch vielfältiger, immer wieder neuer politischer Deutung die Fabeln fähig sind; – cf. auch dies Kapitel weiter unten Anm. 30 die dort aufgeführte Arbeit von Chapel d'Espinassoux.

seinen 1867 veröffentlichten Vorlesungen *La Fontaine et les Fabulistes* der « Censure de la société et de l'individu » in den Fabeln eine Vorlesung widmet.[14] La Fontaine ist auch für ihn zunächst noch eine Art Revolutionär. Ziel seines Angriffes sei « une société toute entière avec ses différents étages et ses différentes classes [...]. Dans sa fable, La Fontaine démolit cette société de fond en comble. » (62) Diesen Gedanken führt Girardin jedoch keineswegs konsequent durch; er hat vielmehr Eile zu versichern, daß der Umwandlung einer Gesellschaft die Umwandlung des Individuums vorangehen müsse. Das habe auch La Fontaine erkannt. Jede menschliche Leidenschaft, jedes menschliche Laster sei daher von ihm angegriffen worden. Im weiteren Verlauf führt Girardin einige dieser Laster auf (vanité, présomption etc.); doch gelangt er nirgends zu einer historisch fundierten Analyse. Er begnügt sich im allgemeinen mit der Paraphrase oder der Reproduktion einzelner Fabeln, die beispielhaft die entsprechenden Laster verkörpern sollen. Trotz anfänglich gegenteiliger Versicherung sind La Fontaines Fabeln für ihn alles andere als eine zeitgebundene Gesellschaftssatire; sie sind die Darstellung festumrissener zeitloser Typen und Eigenschaften. La Fontaine ist für ihn daher vor allem ein Moralist « [qui] sait admirablement peindre et représenter le cœur humain » (I 18).

Das bekannteste Dokument der La Fontaine-Kritik des vergangenen Jahrhunderts ist Taines erstmals 1861 erschienenes Buch *La Fontaine et ses fables*[15]. Maßgeblich für Taines La

---

[14] S. M. Girardin, *La Fontaine*, « Seizième Leçon », II 61–90.
[15] Taine, *La Fontaine et ses Fables*; – zum Gesamtproblem der Taine'schen La Fontaine-Kritik cf. Simon Jeune, *Poésie et système; TAINE, Interprète de La Fontaine*, P. 1968; dort auch zur Entwicklung des Taine'schen La Fontaine-Bildes über den erstmals 1853 erschienenen *Essai sur les fables de La Fontaine* zum heute allein noch gelesenen *La Fontaine et ses fables*; ich zitiere Taine nach der neunten Auflage 1883; – cf. ferner H. Gmelin, *Französische Geistesform in Sainte-Beuve, Renan und Taine*, Berlin 1934, 64–94.

Fontaine-Bild ist bereits hier die erst später [16] zum allein bestimmenden Kausalitätsprinzip erhobene Trias *race, milieu* und *moment*. Durch sie wird jedes literarische Werk zu einem charakteristischen, weil klar determinierten Ausdruck seiner Zeit; literarische und gesellschaftliche Entwicklungen gelangen zu solch festgefügter Einheit, daß das literarische Zeugnis zu einem soziologisch relevanten Dokument wird. Der wichtigste Taine'sche Begriff ist der des *milieu*; *race*, wir würden heute sagen: Nationalcharakter, wird von Taine nur zurückhaltend verwendet; [17] immerhin aber ergeben sich lt. Taine unter dem Einfluß von Landschaft und Klima gewisse nationale Konstanten, die wiederum landschaftlich bedingte individuelle Schattierungen erfahren: Ein Nordfranzose unterscheidet sich notwendig von einem Südfranzosen, selbst wenn beide in erster Linie vom *esprit gaulois* geprägt werden. – *moment*, die zeitliche Fixierung einer literarischen Erscheinung, läßt sich auf *milieu* zurückführen: Bei verändertem *moment* ändert sich zwangsläufig auch das *milieu*, das somit zum beherrschenden Element wird. Nach Taine enthalten La Fontaines Fabeln die umfassendste Darstellung der französischen Gesellschaft des 17. Jahrhunderts. Ihr ist auch das ausführlichste Kapitel seines Buches gewidmet.[18] Es ist entsprechend einer festgelegten Sozialhierarchie angelegt: König, Hof, Adel, Geistlichkeit, Bürgertum, Handwerker, Bauern. Doch trägt diese Gesellschaft in Taines Augen überzeitliche und übernationale Züge: « Ces petits récits [sc. les fables], amusettes d'enfants, contiennent en abrégé la société du dix-septième siècle, la société française, la société humaine. » Auf diese Weise im Widerspruch zu seiner eigenen Theorie enthistorisiert, werden La Fontaines Fabeln in Taines Darstellung zur

---

[16] 1864 in der Vorrede zur *Histoire de la littérature anglaise*.

[17] Er nennt es *Esprit gaulois*, cf. Teil I, Kap. 1, S. 1–18; ibid. S. 8: « Il n'y a pas encore de science des races, et on se risque beaucoup quand on essaye de se figurer comment le sol et le climat peuvent le façonner. »

[18] Teil II, Kap. 1: « Les Hommes », 73–172.

Beschreibung einer nur sehr lose in bezug auf *milieu* und *moment* situierten Gesellschaft. « Ce ne sont pas simplement des personnages animés [...], que vous venez de voir, ce sont des *types*. Ce ne sont pas les individus avec leurs particularités personnelles et singulières [...], mais les caractères principaux qui résument la société humaine et l'histoire du temps, le roi, le noble, le courtisan, le bourgeois, l'artisan, le peuple. » [19]

Die Schilderung bei La Fontaine erfolgt lt. Taine aus der Perspektive eines typischen Vertreters des *esprit gaulois*. Deren gebe es nur wenige: « Trois ou quatre hommes tout au plus ont su se développer en restant gaulois; ce sont ceux qui, en prenant un genre gaulois, la chanson, la farce, la comédie, l'ont élargi et relevé jusqu'à le faire entrer dans la grande littérature: Rabelais, Molière, La Fontaine, Voltaire et peut-être quelquefois Béranger » (S. 61). Doch sei die kritische Distanz bei La Fontaine ausgeprägter als bei jedem anderen Schriftsteller des 17. Jahrhunderts: « Il est sans s'en douter le plus hardi frondeur du siècle » (S. 28). Dies erklärt sich für Taine, auch wenn es eine ausgeprägte *science des races* noch nicht gebe, offensichtlich aufgrund seiner Herkunft aus der Champagne.[20] Über deren Einwohner heißt es im einleitenden Kapitel, sie hätten « l'esprit leste, juste, avisé, malin, prompt à l'ironie, qui trouve son amusement dans les mécomptes d'autrui » (S. 7).

Taines La Fontaine-Buch stößt in der neueren Forschung auf eine nirgends detailliert begründete Ablehnung. Voßler spricht von „dem beliebten und oberflächlichen Buche des Hippolyte

---

[19] Zitate: *La Fontaine* 74+159; – cf. auch ibid. 101/102: « Nous suivons encore aujourd'hui le bel exemple de nos pères. [...] Et c'est là que les habiles vont puiser, quel que soit le régime. *Les écrivains peignent chaque siècle ce concours, parce que chaque siècle il recommence. De là une certaine morale et de certains personnages.* Le Rastignac de Balzac ressemble beaucoup au renard de La Fontaine, et on découvre bien vite les mêmes mœurs, sous des apparences différentes, dans la *Comédie humaine*, dans les *Fables de La Fontaine* et dans *Les Mémoires de Saint-Simon*. »

[20] Cf. deren Beschreibung a. O. 5 ff.

Taine" [21]; Clarac billigt Taine lediglich das Verdienst zu, « [d'avoir montré] à ses contemporains que les fables n'étaient pas seulement un livre pour les enfants » [22]; Fabre tadelt die « amplifications pseudo-historiques à la manière de Taine » [23]. Auch Couton stellt den Wert des Buches in Frage, ohne dies ausdrücklich zu begründen; [24] Adam schließlich polemisiert gegen Taine, ohne ihn namentlich zu nennen: « Ne disons pas que toute la société française se reflète dans les *Fables*. Absurde lorsqu'il s'agit du volume de 1668, l'affirmation est très inexacte encore si l'on pense à ceux de 1678–1679. » [25]

Selbst wenn eine grundsätzliche Kritik der historisch-positivistischen Methode Taines hier nicht geleistet werden kann, sollen doch die wichtigsten Einwände stichwortartig angeführt werden. – Gewiß zeigt Taine als erster, daß La Fontaines Fabeln über weite Strecken eine Darstellung der Gesellschaft seiner Epoche sind; er irrt jedoch in der Annahme, daß das Werk ein Abbild der Totalität der historischen und sozialen Wirklichkeit der Epoche Ludwigs XIV ist. Daß z. B. die unteren Schichten des 3. Standes kaum zur Darstellung gelangen, bedarf keines besonderen Nachweises. Auch läßt Taine das, was er später selbst als *moment* bezeichnen wird, also die genaue zeitliche Situierung, das präzise geschichtliche Detail, außer acht. Trotz seines angeblichen Bemühens um historische Exaktheit scheint ihm die überzeitliche Typisierung wichtiger zu sein, und

[21] Voßler, *Fabelwerk* 145.
[22] Clarac, *La Fontaine* 142/143.
[23] Fabre, *L'Aventure* 316 Anm. 2.
[24] Couton, *Politique* 6.
[25] Adam, *Histoire* IV 49; – cf. ibid. S. 38: « [La Fontaine] ne prétend nullement y faire le tableau de la société de son temps. Seul un système d'interprétation préconçu permet de soutenir que le lion représente Louis XIV ou même, de façon plus générale, le roi »; ibid. S. 39: « Ne parlons pas d'égoïsme et de sécheresse [in bezug auf die Moral der Bücher I–VI]. N'incriminons ni le peuple français ni les Champenois, ni l'auteur! » – cf. auch S. Jeune, *Poésie et Système*, « Conclusion », 131 ff.

zwar Typisierung des Dargestellten wie des Darstellenden. So gerät ihm nicht nur die Zeit Ludwigs XIV zu einem historischen Epochengemälde; auch La Fontaine ist für ihn wie Rabelais, Molière und Voltaire, vor allem der Vertreter eines Typs, des *esprit gaulois*. Eine individuelle oder gruppenspezifische Perspektive vermag er bei ihm nicht zu entdecken; auch der sich innerhalb der 12 Fabelbücher entwickelnden Individualität des Dichters kann er auf diese Weise keine Gerechtigkeit widerfahren lassen. Sogar der bereits von Sainte-Beuve erkannte Unterschied der ersten zur zweiten Sammlung wird bei ihm wieder überdeckt. Zugleich drängen sich viele ungelöste Fragen auf. Wenn La Fontaine zum typischen Vertreter des « esprit gaulois » stilisiert wird, wie verhält es sich dann mit solchen Geistesverwandten wie Horaz, Petron, Boccaccio, Ariost und Machiavelli? Wenn La Fontaine als ein Produkt angesehen wird, wie nur Klima und Landschaft der Champagne es hervorzubringen vermögen, aber auch notwendig hervorbringen, wie erklärt sich dann das Phänomen des so ganz anders gearteten, jedoch gleichzeitigen « champenois » Racine? Auf diese und andere sich aufdrängenden Fragen findet sich bei Taine keine Antwort. Seine statische und letztlich auf die Charakterisierung von Typen fixierte Sicht schließt auch den literarischen Bereich nicht aus. So werden Chanson, Farce, Komödie, ja auch die Fabel als « genre gaulois » für einen Volksgeist in Anspruch genommen. Daß es historisch gewachsene, auch zu anderen Zeiten und bei anderen Völkern lebendige Gattungen mit einer je epochalen Ausprägung sind, will Taine offensichtlich nicht wahrhaben.

Taines literaturwissenschaftlicher Ansatz ist durch das Bemühen um die Übertragung naturwissenschaftlicher Kategorien in den Bereich der Literaturwissenschaft gekennzeichnet. Das müßte, im Idealfall, zu einer totalen Erklärbarkeit aller geistigen Phänomene führen. Abgesehen von der grundsätzlichen Fragwürdigkeit solcher Übertragung naturwissenschaftlicher Methoden in geisteswissenschaftliche Bereiche leidet im Falle La Fontaines dieser Versuch vor allem an mangelnder historischer Präzisierung. Im Gefolge Taines wird die neuere, inhaltsorientierte La Fontaine-Forschung seinen Ansatz weitgehend übernehmen, sich zugleich jedoch um eine differenziertere Berücksichtigung biographischer, zeit- und gesellschaftsgeschichtlicher Faktoren bemühen.

c) Voßlers La Fontaine-Monographie

Das wichtigste Dokument der deutschen La Fontaine-Forschung ist Voßlers 1919 erschienenes Buch *La Fontaine und sein Fabelwerk*. Methodisch ist das Buch eine seltsame Mischung positivistischer, Taine'schen Kategorien verpflichteter Detailforschung [26] und geistesgeschichtlicher „Wesensschau", deren „Ergebnisse" stilanalytisch abgesichert werden sollen. Voßlers Buch entstand nach dem 1. Weltkrieg aus dem Bedürfnis eines Brückenschlages zwischen Deutschland und Frankreich. Zur Herstellung freundschaftlicher Bande zwischen den verfeindeten Nationen scheint ihm ein so „unpolitischer" Autor wie La Fontaine besonders geeignet. Der Fabeldichter sei einer der wenigen, „deren gemütliches und geistiges Leben durch politische und sonstige Tendenz nicht wesentlich beengt ist. Bei ihm kann auch der deutscheste Germane sich Freude und Erholung suchen, ohne eine gallische Vergiftung befürchten zu müssen" (S. V).

Ähnlich wie vor ihm Girardin und Taine widmet auch Voßler „La Fontaine als Satiriker und Humorist" ein Kapitel (III, S. 40–62), jedoch wesentlich nur, um ihm die Fähigkeit eines Satirikers abzusprechen zugunsten derjenigen eines Humoristen. Bereits in Kapitel II „La Fontaines Bildungsgang" hatte Voßler ein La Fontaine-Bild entworfen, in dem für einen ernsten Charakterzug kein Platz vorhanden war. So zeichnet sich La Fontaine nacheinander aus durch „göttliche Gleichgültigkeit, Passivität und Gesinnungslosigkeit" (S. 25). Er ist ein „geistiger

---

[26] Cf. Kap. I „Leben und Dichtung in Frankreich unter Ludwig XIV" sowie Kap. II „La Fontaines Bildungsgang", die zumindest ansatzweise den Einfluß der Taine'schen Milieutheorie verraten.

Genußmensch" (S. 41), ein „Einsiedler und verträumter Edelanarchist" (S. 53), „eine Seele von Mensch" (S. 136) und „kann weder persönlich noch sittlich hassen" (S. 51); „mit einer solchen Gemütsart ist man eher Humorist als Satiriker" (S. 55)[27]. Zwar sieht Voßler Ansätze zu „politischer und sonstiger Satire" (S. 53); doch die von ihm angeführten Fabeln seien glücklicherweise auch losgelöst von einem aktuellen Bezug überzeitlich deutbar: „Aber all diese und noch viele andere Fabeln lassen sich ebenso gut auch anders deuten. Sie tragen wie eine Allegorie die Möglichkeit mehrerer Anwendungen in sich, und es ist offenbar, daß der Dichter selbst uns ermuntert, bald dies, bald das aus ihnen herauszulesen. Damit der Leser sich interessiere und Partei ergreife, schlägt er [sc. La Fontaine], moralisierend, sich selbst auf diese oder jene Seite. In Wahrheit ist es Spiegelfechterei des Künstlers" (S. 54).

Voßlers La Fontaine-Bild gründet zu einem Teil auf der unkritischen Übernahme der über den « bonhomme » La Fontaine umlaufenden Anekdoten.[28] Darüber hinaus scheint Voßler einem althergebrachten Geniebegriff zu huldigen: La Fontaine wird bei ihm konsequent zu einem Typus stilisiert, dem des wetter-

---

[27] Hier eine Blütenlese weiterer Etikettierungen La Fontaines: verträumt und verbummelt, S. 3; – ein lässiger, bequemer, eigensüchtiger und gesinnungsloser Hans Träumer, S. 9; – Im strengen Verstande des Wortes hat er überhaupt nicht gelebt, sondern sich leben lassen, S. 20; – [ein] gutartiger und leidlich dankbarer Schmarotzer, S. 25; – die moralische Feigheit ist der häßlichste Zug seines schwachen Charakters. Sie wird geradezu widerlich, wenn er sie uns als Klugheit preist und wenn er zu den Übergriffen weltlicher Gewalthaber zustimmend lächelt und hündisch wedelt, S. 27; – seine sittliche und praktische Unzulänglichkeit, S. 29/30; – Pöbel und Rhétoriqueur in einer Person (in bezug auf das nicht mit Sicherheit La Fontaine zuzuschreibende Virelai « A vous, marchands de fromage »), S. 52; – Gegensätze und Seelenkämpfe [...] begleichen sich bei ihm [im Gegensatz zu der „tieferen Natur" Kleist] mit französischer Selbstverständlichkeit (sic), S. 137.
[28] *Fabelwerk* 23 ff.

wendischen, charakterlosen, außerhalb der moralischen Gesetze stehenden, naiv-genialen Stilkünstlers. Denn Kunst und Moral brauchen ja bekanntlich in einem Kunstwerk nicht notwendig miteinander zu tun zu haben, vorausgesetzt freilich, das Werk erhebt sich in die Höhen „reiner" Kunst: „Wem an der Kunst die Moral das Wichtige ist, der hat zur Kunst und eigentlich auch zur Moral kein inneres Verhältnis. Er steckt, und wenn er ein Kind des 20. Jahrhunderts wäre, noch immer in dem pfäffischen Geiste des Mittelalters" (S. 80). So ist es auch mit La Fontaines Verhältnis zu seinen eigenen Fabeln. Diese seien in ihrer Gattung das unüberbietbare sprachliche Meisterwerk eines „eigensüchtigen und gesinnungslosen Hans Träumer" (S. 9). Folgerichtig heißt es daher resümierend angesichts der „Perplexität und Ratlosigkeit [La Fontaines] den letzten Dingen gegenüber": „Viel eher könnte man von ihm sagen, daß er *nur* Dichter, *nur* Künstler, nur eine sprachliche und eigentlich keine menschliche Persönlichkeit gewesen sei" (S. 140). Daher kann sich Voßler auch nirgends entschließen, einer Fabel oder Moralität gehaltliche Relevanz beizumessen. Nirgends findet sich eine inhaltsorientierte, geschichtsbezogene Interpretation.[29] Und doch hatte Voßler, trotz seiner Kritik an dem „beliebten und oberflächlichen Buche des Hippolyte Taine" (S. 145), namentlich in den beiden einleitenden Kapiteln seines Buches der « Milieu »-theorie Taines gehuldigt. Aber seine Kategorien sind zu grob, an präziser historischer Detailforschung scheint ihm nicht gelegen; vor allem aber verstellt er sich den unvoreingenommenen

---

[29] Am ehesten noch in den *Anhängen I–IV*, 142 ff.; *Anhang I* behandelt das wichtige Thema „La Fontaine und das Königtum"; doch auch dort heißt es zu Beginn der Interpretation der Fabel *Les Animaux malades de la Peste* (VII 1): „Am besten wird er [sc. der Leser] tun, die wunderbare Fabel ohne kultur- und sittengeschichtliche Erinnerungen an Ludwig XIV und ohne gelehrte Parallelen und Flausen (!) auf sich wirken zu lassen"; a. O. 145; – die z. T. nicht übersehbaren historischen Bezüge der anderen in den *Anhängen* besprochenen Fabeln werden von Voßler ebenfalls nicht bzw. nur ungenügend gewürdigt.

Blick durch die « Idée préconçue » eines genialen Taugenichtses La Fontaine. Eine solche Sicht mag durch die historische Situation Voßlers nach dem 1. Weltkrieg und durch das oben erwähnte Vermittlungsbemühen teilweise erklärt werden können. Hinzu kommt, vor allem unter Croces Einfluß, die bewußte Abkehr von einer vorwiegend faktenbezogenen („positivistischen") Literaturbetrachtung und damit verbunden die Tendenz zu einer primär sprachbezogenen ästhetisierenden Interpretation. Voßlers La Fontaine-Buch ist das nicht überbietbare Extrem innerhalb dieser Richtung der La Fontaine-Forschung. Wer jedoch um historisch begründete Forschung bemüht ist, darf sein Buch getrost ad acta legen. Auch die vereinzelten stilistischen Analysen und genialischen Übersetzungen vermögen ihm heute kaum mehr als den Charakter eines literarhistorischen Dokuments zu geben.

d) Die Konkretisierung historischer Einzelbezüge

Schon vor Voßler hatten andere Kritiker La Fontaine eine subtilere und gerechtere Würdigung zuteil werden lassen.[30] In Larocques *Les poètes devant le pouvoir* handelt es sich um eine

[30] Aus der nicht geringen Anzahl der Arbeiten, die La Fontaine vorwiegend inhaltsbezogen interpretieren und sich, Teilaspekte berücksichtigend, vor allem mit seinen politischen Ideen befassen, gehe ich zunächst nur ein auf die Arbeit von J. Larocque, *Les poètes devant le pouvoir* (Bibl.); hier wird die Forschungsrichtung bis in die neueste Zeit bereits vorausgenommen; einige andere im Folgenden angeführte meist kleinere Aufsätze behandeln im Vergleich zu Larocque nur Teilaspekte und bedeuten mitunter sogar einen Rückschritt gegenüber den z. T. geradezu hellsichtigen Ausführungen Larocques: M. Durand, *L'ironie politique dans les fables de La Fontaine*; in: La Chronique médicale 17, 1910, 241–258; – G. de Chapel d'Espinassoux, *La Fontaine et la guerre*; in: La Revue hebdomadaire, März 1919, 217–231; – Ch. Appleton, *Les Idées politiques de La Fontaine d'après ses Fables*, in: La Réforme Sociale 49, 1924, 337–346.

streng philologisch aufgebaute Studie. Ausgangspunkt dieses auf Taines Milieutheorie aufbauenden, die künftige La Fontaine-Forschung jedoch voraussehmenden Entwurfs (« sommaire ») ist die Feststellung, daß die bisherige französische Literaturkritik das Werk zahlreicher französischer Dichter vom 14. Jahrhundert an nur aus sich selbst heraus (sprich „werkimmanent") habe deuten wollen, « abstraction faite du milieu, de l'homme, de l'histoire, c'est-à-dire de tout ce qui constitue sa fonction [sc. de l'œuvre], de tout ce qui explique son rôle » (S. 553). Auf diese Weise aber werde ihr Werk « desséchée et dépouillée »; aber ganz im Gegenteil müsse man ihm « rendre l'influx des passions, le vêtement de la réalité, de la nature » (ibid.). Zu La Fontaine übergehend, heißt es, dieser sei nicht nur « un traducteur et arrangeur d'Esope; non pas, comme le veut Sainte-Beuve, le dernier des poètes français du XVIe siècle », sondern der Fortsetzer einer politischen Dichtung, die in Frankreich eine jahrhundertelange Tradition habe. « Le rattacher à cette tradition, c'était le classer parmi les poètes politiques; c'était déchirer le masque de naïveté, d'insouciance, de bonhomie, dont il s'est affublé » (S. 554). Damit wird zum ersten Mal der historische La Fontaine in seiner zeitgeschichtlichen und sozialen Verflechtung und seiner psychologischen Komplexität in den Mittelpunkt des wissenschaftlichen Interesses gerückt. Larocque sieht in ihm einen überaus bewußten und hellsichtigen, wenngleich ernüchterten Chronisten des Zeitgeschehens. « Cet homme avait vécu de son temps, comme nous du nôtre; [...] il avait vu et entendu comme nous, pris parti comme nous pour ou contre ce qu'il voyait et entendait, et, dans une œuvre toute politique, forcément jeté le reflet de ses sentiments. » Doch sei dies bisher keineswegs gewürdigt worden. Darum fährt Larocque fort: « ces sentiments complexes, délicats, raisonnés, finement et sobrement et souvent perfidement exprimés sous la forme voilée qui seule lui était permise, mériteraient l'étude la plus attentive des esprits les plus perspicaces » (S. 568). Wenn La Fontaine trotz der nüchternen Unerbittlichkeit seiner Kritik ungeschoren davongekommen sei, so zunächst deshalb, weil man ihm einen gewissen Grad an Narrenfreiheit zugebilligt habe. Darüber hinaus habe er ja auch mehr Mühe darauf verwendet « à dissimuler le sens [de ses fables] qu'à l'accuser » (S. 560). Hinzu komme die (scheinbare) Unordnung der einzelnen Bücher und die damit verbundene Schwierigkeit für den Leser, einen festen Ansatzpunkt zu finden. « Quel désordre, quelles contradictions à la surface! » (S. 560) Was die gedankliche Fracht der Fabeln angeht und läßt man Anspielungen, Anekdoten und persönliche Äußerungen einmal beiseite, fährt Larocque fort, könne man in bezug auf die zur Sprache kommenden Themen folgende Unterscheidung treffen: « Souvenirs de la Fronde; – politique extérieure; – attaques contre Louis XIV; – protestations plus générales contre la force; – revendication individuelle; – doctrine d'Etat; – doctrine philosophique et religieuse. – C'est dire que cette œuvre compréhensive, dont Horace lui-même nous fournit à peine l'analogue, est à la fois le tableau d'une époque, le résumé de la vie d'un homme, l'abrégé de la vie d'un peuple, le combat de l'esprit contre la matière; le drame de l'humanité dans sa conscience et dans sa forme, dressée contre toutes les oppressions qui la dépriment » (S. 562/563). Larocque weist auch darauf hin, daß die genaue historische Restitution eines Werkes und eines Autors umfangreicher « synthèses historiques et sociales » bedürfe. « Les matériaux de ce travail de résurrection sont loin d'être prêts. Il réclamerait une connaissance que nous n'avons pas de notre passé politique, moral, intellectuel, littéraire [...]. Les indications rapides de cet article, résultat lui-même d'une longue étude, n'ont d'autre objet que d'induire le chercheur à chercher, le lecteur à lire » (S. 563). Larocque skizziert im weiteren Verlauf einige der oben angeführten Punkte und entwirft von La Fontaine das Bild einer geistigen Persönlichkeit, die mit höchster Bewußtheit Zeuge eines Zeitgeschehens gewesen ist, zu dessen wichtigsten Ereignissen sie sich vorwiegend kritisch bis ablehnend verhalten habe.

Keine frühere Studie über La Fontaine ist wie diese reich an Anregungen und Hinweisen, selbst wenn sie weniger analysiert als vielmehr die Richtung künftiger Bemühungen aufzeigt. Diese zielen auf eine klare Situierung La Fontaines in einem fest umrissenen historischen und sozialen Zusammenhang, wobei alle erreichbaren Fakten zu berücksichtigen seien. Nur auf diesem sicheren Realiengrund, so darf man Larocques Anregungen weiterdenken, werde es möglich sein, den Fabeln und ihrem Dichter die wahre geistige Dimension zurückzugeben und ihnen historische Gerechtigkeit widerfahren zu lassen.

Einen bedeutsamen Schritt in diese Richtung stellt die 1913 erschienene La Fontaine-Biographie von Louis Roche dar. Keineswegs im Stile zahlreicher *Biographies romancées* [31] verfaßt, unterzieht Roche alle Dokumente zu La Fontaines Leben einer kritischen Prüfung, bemüht sich um eine zeitliche Situierung aller Werke und gelangt, dem Motto des Buches entsprechend (« J'étais là, telle chose m'advint »), zu einem sehr nüchternen Bild des Fabeldichters. Roches Biographie, leider in Deutschland nur schwer zugänglich, ist auch heute noch die am besten dokumentierte Arbeit zu La Fontaines Leben.

Von großer Wichtigkeit erweist sich die 1929 erschienene „Schul"-ausgabe der Fabeln von René Radouant [32]. Der bescheidene Untertitel könnte dazu verführen, über die zahllosen historischen Erläuterungen in den Fußnoten hinwegzusehen. Gerade hierin aber besteht der noch heute nicht zu unterschätzende Wert dieser Ausgabe, ebenso wie in der Definition eines Großteils des La Fontaine'schen Vokabulars durch einen Rück-

---

[31] Roche, *Vie*; cf. zu der Biographie von Roche die ausführliche Erörterung eines Großteils der biographisch kontroversen Fragen durch Michaut, *Travaux récents*; – als Beispiel einer « Biographie romancée » cf. L. Garnier, *La vie de notre bon Jehan de La Fontaine*, Château-Thierry 1937; das Buch enthält zahlreiches nützliches Bildmaterial, huldigt jedoch im Text unkritisch den bekannten Legenden des « bonhomme » La Fontaine und ist in dieser Hinsicht vergleichbar mit Voßler, *Fabelwerk*, Kap. II „La Fontaines Bildungsgang".

[32] R. Radouant, *La Fontaine, Fables*, précédées d'une notice biographique et littéraire, et accompagnées de notes grammaticales et d'un lexique, P. 1929; – die Ausgabe ist bezeichnenderweise bis in die neueste Zeit immer wieder aufgelegt worden (Neudruck 1969).

griff auf die Wörterbücher des 17. Jahrhunderts (Richelet, Furetière, Dict. de l'Académie).

Die auf diese Weise erlangte neue historische Situierung La Fontaines war wenig später Anlaß zu Jules Wogues Aufsatz über *Les idées politiques et sociales de La Fontaine*. Dank der Ausgabe Radouants, auf die Wogue sich ausdrücklich beruft,[33] sind die Fabeln für ihn nicht mehr nur Vorwand La Fontaines, um sich selbst darzustellen. Er entdeckt vielmehr im Fabeldichter « le sens et le goût de l'histoire, non pas celle du passé, mais celle de son temps, et qui se déroulait devant lui » (S. 529). La Fontaine wird für ihn über weite Strecken zu einem Chronisten der Zeit, « curieux de l'actualité, de tout ce qui se passe, à l'affût des menus incidents comme des affaires considérables. Par ses protecteurs, qui appartiennent à la haute société, il a de précieuses informations. Il ne se borne pas à enregistrer; il juge, il critique et parfois sans indulgence. Il est donc par instants, et pour certaines parties, un chroniqueur du règne de Louis XIV » (S. 529). Wogue belegt diese These sodann durch die summarische Interpretation zahlreicher Fabeln. Fragen der Außenpolitik, vor allem die Kriege Ludwigs XIV, nehmen dabei den breitesten Raum ein; darauf folgen die Fabeln, die an innenpolitische Ereignisse anknüpfen: Bedeutung des Königtums, Machtmißbrauch der « financiers », Ausbeutung der Provinzen, Verhältnis der Stände zueinander. Von hier aus ergibt sich ein natürlicher Übergang zu allgemeineren sozialen Fragen: Persönliche Freiheit und ihre Beschränkung durch den Staat; Verhältnis zwischen Armen und Reichen; Recht auf persönliches Eigentum; die für die Gemeinschaft geleistete Arbeit als Kriterium der Beurteilung des Einzelnen. – Bei der Gruppierung einzelner Fabeln unter die genannten Gesichtspunkte stützt sich Wogue in allen Fällen auf die historischen Erläuterungen der Ausgabe Radouants.

[33] « Pour cette courte étude, une très remarquable édition de M. R. Radouant [...] dont le commentaire sur La Fontaine, amateur de l'actualité, est abondant, fournit des matériaux solides et précis »; a. O. 529/530.

Besonders bedeutsam ist dabei, daß bei Radouant und Wogue einzelne Fabeln, deren Geschehen in keiner Weise über sich selbst hinausweist, mit konkreten historischen Ereignissen identifiziert werden, daß also die scheinbar überzeitliche und darum „unverbindliche" Fabelallegorie als Verschlüsselung zeitgeschichtlicher Geschehnisse angesehen wird, zu denen La Fontaine in der kunstvollen Verstellung der Fabel kritisch Stellung nimmt.[34] Hatte Larocque bereits 1880 postuliert, man müsse « déchirer le masque de naïveté, d'insouciance, de bonhomie, dont il [sc. La Fontaine] s'est affublé »[35], so wird La Fontaine für Wogue zu einem « rêveur subversif » (S. 562), der sich jedoch, wie Perrette in *La Laitière et le Pot au lait* (VII 10 bzw. 9) aus ihrem Traum erwachend, in die Unabänderlichkeit der gegebenen politischen und sozialen Verhältnisse einordnet. Festzuhalten ist ferner, daß Wogue als erster einen Großteil von La Fontaines Fabeln als stark von jenen Kreisen beeinflußt ansieht, in denen der Fabeldichter verkehrte.

e) *Die Unterschiede der 1. zur 2. Fabelsammlung; die Interpretation A. Adams*

Die neuere Forschung ist beharrlich auf dem Wege weitergegangen, jede nur mögliche zeitgeschichtliche Anspielung in den Fabeln aufzuspüren, um so zunächst der historischen Tragweite der Sammlung gerecht zu werden. Dabei werden, an Sainte-Beuve anknüpfend, vor allem die Unterschiede der ersten und zweiten Fabelsammlung hervorgehoben. Von der monumentalen Arbeit Michauts[36] über Voßler bis hin zu Bray und Adam be-

[34] Z. B. *Conseil tenu par les Rats* (II 2) als Ereignis aus der Zeit der Fronde; *Le Berger et la Mer* (IV 2) – Fehlschlag der Handelspolitik Colberts.
[35] Cf. oben S. 55 ff.
[36] Auf Michauts 1913/14 erschienene zweibändige Monographie gehe ich nicht ein, zunächst weil sie eine Darstellung des *Gesamtwerks* La Fontaines auf dem Hintergrund seiner Vita ist; sodann berück-

tonen alle Kritiker die Unterschiede der Bücher VII bis XI gegenüber denen der 1. Sammlung. An La Fontaines eigene Aussagen im *Avertissement* zum 7. Buch anknüpfend, sucht Michaut die Unterschiede vorwiegend im Stilistischen.[37] Voßler dagegen betont, „das stärkere Mitklingen der menschlichen und persönlichen Note [sei] die wesentliche Errungenschaft der Fabeln des zweiten und dritten Jahrzehnts"[38]. Einen Schritt weiter geht René Bray. Er sieht die Neuartigkeit der Sammlung in der Tatsache, daß sich La Fontaine nach der Überwindung der engen Gattungsgrenzen, die in der ersten Sammlung respektiert wurden, nun mit größerer Kühnheit neuen Themen zuwendet.[39] In die gleiche Richtung zielt auch das Kapitel *Le second recueil des Fables* in Pierre Claracs La Fontaine-Monographie. Entschiedener als alle seine Vorgänger betont Clarac die Bedeutung, die der Kreis der Mme de La Sablière für die geistige und künstlerische Entwicklung La Fontaines gehabt habe. « Dans le cercle de Mme de La Sablière La Fontaine s'est mêlé au mouvement des esprits qui prépare ce que Paul Hazard appellera *la crise de la conscience européenne*. Si tout son siècle vit dans les fables, c'est qu'il s'y est mis lui-même tout entier. »[40]

sichtigt Michaut bei der Darstellung der Fabeln weniger historische, als literarhistorische Gesichtspunkte: Quellen, Vorbilder; die Fabel als Erzählung bzw. als Komödie (I 231 ff.: « L'ample Comédie »); die Fabelmoral entspreche einer « sagesse des nations » (I 270); die Darstellung der Menschen gebe « plutôt des types psychologiques et moraux que des types sociaux » (I 285) etc. Innerhalb der hier verfolgten Linienführung ist der gänzlich unhistorische Ansatz Michauts ein deutlicher Rückschritt gegenüber zuvor genannten Arbeiten.

[37] Zur Interpretation des « Avertissement » cf. Michaut II 139–155.
[38] Voßler, *Fabelwerk* 126.
[39] Bray's Fabelmonographie hat nur beschränkten wissenschaftlichen Wert; sie ist für ein breiteres Bildungspublikum geschrieben, das in den Fabeln vor allem das überzeitlich schöne Meisterwerk sieht; cf. Verf., *Interpretationsmodelle* 148 ff.
[40] Clarac, *La Fontaine* 122.

Einen Abschluß findet diese Entwicklung in dem La Fontaine gewidmeten Teil von Antoine Adams fünfbändiger *Histoire de la littérature française au XVIIe siècle*. Über den methodischen Ansatz dieser Literaturgeschichte sowie der Darstellung der einzelnen Autoren hat sich Adam nirgends ausdrücklich geäußert. Das Bemühen um eine neue, historisch begründete Würdigung der dargestellten Epoche ist das entscheidende Merkmal dieser fünfbändigen Literaturgeschichte. Es trat schon in früheren Arbeiten Adams spürbar zutage, am deutlichsten in der 1941 erschienenen kommentierten Ausgabe der *Premières Satires de Boileau* [41]. Dort heißt es im Vorwort: « Nous voulions porter tout notre effort et concentrer l'attention du lecteur sur la signification historique des *Satires* [...]. La critique proprement littéraire n'est possible que si elle peut s'appuyer sur des données historiques solides » (S. 11). Gegenüber der traditionellen Satirenforschung, die, von Boileaus überarbeiteter Fassung ausgehend, hauptsächlich den literarhistorischen Aspekt der Satiren in der Nachfolge der römischen Verssatiriker heraushebt, stützt sich Adam für seine Interpretation auf die frühen handschriftlich bzw. in der sog. *Edition de Rouen* überlieferten Fassungen. Adams Bemühungen zielen darauf « de rendre aux *Satires* leur premier aspect d'œuvres de combat » (S. 10). In ihren historischen Zusammenhang eingeordnet, seien die Satiren zunächst « des instruments de polémique », « des œuvres de combat » gewesen (S. 9). Erst eine spätere Überarbeitung Boileaus und der immer größer werdende zeitliche Abstand hätten sie für die Literaturkritik ihres ursprünglichen Impulses beraubt.

Die Darstellung La Fontaines trägt den für die Interpretation Boileaus aufgestellten Zielsetzungen voll Rechnung. Ein erster Abschnitt *L'Homme* versucht, Licht zu werfen auf die „undurchdringliche" Psyche La Fontaines.[42] Der zweite Abschnitt *Les*

---

[41] A. Adam, *Les premières Satires de Boileau*, Lille 1941; – für die früheren Arbeiten Adams cf. namentlich *Théophile de Viau et la libre pensée française en 1620*, P. 1936, ²1965.

[42] Cf. das in der „Einleitung" angeführte Zitat (oben S. VIII).

Protecteurs schildert in chronologischer Abfolge den Kreis der Gönner und Mäzene, die La Fontaines materielle Existenz gesichert haben. *Les Amitiés* zeigt sodann La Fontaine umgeben von jenen, die auf seine geistige Entwicklung die verschiedenartigsten Einflüsse ausgeübt haben. Der folgende Abschnitt *Ses Maîtres* schließlich stellt die Autoren vor, die für La Fontaines künstlerische Entwicklung von Bedeutung gewesen sind. Durch die verfeinerte Anwendung der Taine'schen Begriffe *milieu* und *moment* [43] entsteht auf diese Weise ein Bild La Fontaines, das, gestützt vor allem auf die Auswertung chronologisch angeordneter Dokumente, seiner psychologischen Komplexität und seinen Implikationen als Bürger, Mensch und Künstler gerecht zu werden sucht. Erst jetzt folgt die Darstellung seines Werkes.

Adam schließt sich der traditionellen Einleitung der Fabeln in Sammlungen an: Ein erster Teil behandelt die Fabeln der 1. Sammlung; das zweite Kapitel die der 2. Sammlung. Es ist auffällig, daß Adam nirgends das 12. Buch erwähnt und nirgends eine Fabel dieses Buches zitiert. Auch von der Interpretation seiner Vorgänger, besonders der Claracs, unterscheidet er sich nicht prinzipiell, sondern nur in Nuancen. Zunächst legt Adam den Beginn der Fabelproduktion in das Jahr 1667. Man könne sich gut vorstellen, « qu'en 1667 La Fontaine ait songé à fixer sur soi l'attention du public et la générosité du Roi en offrant au Dauphin une traduction en vers des fables d'Esope » (S. 33). Das königliche Druckprivileg habe La Fontaine am 6. Juni 1667 erhalten, « à un moment où sans doute la plus grande partie du volume était encore à écrire » (ibid.). Persönliches Ruhmesdenken als primärer Impuls verbindet sich also für Adam mit einer pädagogischen Absicht. Denn den moralischen Nutzen der Fabeln habe La Fontaine mit Klarheit erkannt. In ihrer pädagogischen Zielsetzung seien seine Fabeln nur richtig zu würdigen auf dem Hintergrund der reichhaltigen Fabel- und Emblemliteratur des Humanismus. Zur pädagogi-

---

[43] Bereits Bd. III 1–47 hatte Adam *Le Climat* der Jahre 1660 ff. dargestellt.

schen Absicht komme jedoch eine ästhetische hinzu. Bereits ein Satz aus dem den *Contes* gewidmeten Kapitel läßt vermuten, daß Adam einen entscheidenden Impuls zur Fabeldichtung im ästhetischen Bereich vermutet.[44] Zunächst nur von einer Phädrusimitation ausgehend, sei La Fontaine dann bei Einsicht in die Reichhaltigkeit der europäischen Fabeltradition möglicherweise der Gedanke gekommen, die Gattung für Frankreich dadurch zu erneuern, daß er den einzelnen Fabeln ein gefälliges Gewand verleiht, und gleichsam eine Art von ästhetisch ansprechender Fabelanthologie herzustellen (S. 35/36).

Die Fabelmoral, die La Fontaine in seinen *moralités* ausspreche, sei keineswegs eine persönlich dem Autor zur Last zu legende Moral.[45] « La vérité toute simple, c'est que La Fontaine met en vers la morale d'Esope. Morale des petits paysans de l'Attique, penchés sur un sol maigre et durement rançonnés par les maîtres de la terre. Ils sont économes et méfiants, toujours prêts à soupçonner une ruse chez l'homme qui leur parle. Ils n'aiment pas les riches, les puissants. Ils savent qu'ils n'ont rien de bon à en attendre. Mais ils sont résignés, et l'expérience leur enseigne que le plus fort a toujours le dernier mot » (S. 39).[46] Selbst wenn einmal die *moralité* einer Fabel auf Zustände der Zeit hinweise, wie im Falle der Fabel *La grenouille qui se veut faire aussi grosse que le bœuf* (I 4), liege hier nicht in erster Linie eine zeitbezogene Anspielung vor: « Cet exemple précisément révèle le caractère générale de ses intentions. Ce n'est pas une condition sociale qu'il a en vue. C'est un trait de l'humaine nature, c'est l'éternelle, c'est l'universelle vanité » (S. 38). Im Widerspruch zu dieser Behauptung billigt Adam anderen Fabeln

[44] « [La Fontaine] ne prétendait donc pas créer un genre littéraire nouveau [sc. celui des *Contes*]. Il ne voulait même pas *renouveler un genre ancien, comme il le fera pour les ‹ Fables › »; Histoire* IV 27.

[45] Das bezieht sich auf Taines Vorwurf gegenüber der Fabelmoral bei La Fontaine; cf. dazu oben S. 50 sowie vor allem Anm. 25.

[46] Adam folgt hier im wesentlichen Clarac, *La Fontaine* 83–85; beide verstehen die Moral der Bücher I–VI als « morale paysanne », wie Jasinski sie später bezeichnen wird.

der 1. Sammlung dagegen einen deutlichen Bezug zu geschichtlichen Ereignissen zu. Doch selbst wenn La Fontaine zu aktuellen Fragen Stellung nehme, geschehe es in überaus verschlüsselter Form: « Ce qui est notable par conséquent, ce n'est pas, sur ce point, l'audace de La Fontaine, c'est sa timidité » (S. 42). Daraus ergibt sich als Folgerung für die 1. Sammlung: « La fable, telle que La Fontaine la comprend, n'est donc pas satire sociale et politique, ou ne l'est que rarement et par des traits à peine marqués » (ibid.). La Fontaine habe in der 1. Sammlung in Übereinstimmung mit dem Skeptizismus der *esprits libres* seiner Zeit gleichsam eine Art „innere Emigration" praktiziert. Lediglich in einigen epigrammatischen Fabeln, die großenteils der traditionellen Ständesatire zuzurechnen sind, sei die satirische Intention stärker als die ästhetische Absicht (S. 46).

Ganz anders dagegen die Fabeln der 2. Sammlung. Allein die Widmung an Mme de Montespan mache den Perspektivenwechsel dieses Buches deutlich. « Si La Fontaine offre ses nouvelles fables à la marquise, c'est qu'elles sont un tableau de la cour et de la vie politique, c'est qu'elles agitent des problèmes dont les esprits cultivés sont alors occupés » (S. 48). Ohne auf Einzelheiten einzugehen, mag es genügen zu sagen, daß keine Darstellung *vor* Adam den zeitgeschichtlich bezogenen Charakter der 2. Sammlung je mit einer solchen Fülle von Details belegt hat. Adam sieht in einigen Fabeln den Fabeldichter als Vorläufer Voltaires und Montesquieus und schätzt seine politische Hellsicht folgendermaßen ein: « Il porte sur l'ensemble de la vie nationale des jugements qui très nettement annoncent la littérature politique du siècle suivant » (S. 49). Selbstverständlich läßt Adam die anderen thematischen Aspekte dieser Sammlung (philosophische und naturwissenschaftliche Fragen, Reiseliteratur, Fragen der „Weltanschauung", d. h. Rolle der Fortuna, Stellung des Menschen im Kosmos) nicht unberücksichtigt. Er betont jedoch mehrfach, daß alle diese Themen aus einem polemischen Impuls heraus aufgegriffen werden. Besonderen Einfluß in diesen Fragen habe der Salon der Mme de La Sablière auf La Fontaine ausgeübt. « La philosophie de La Fontaine, s'il est permis d'employer ce mot un peu gros, est celle de la société qu'il fréquente, celle des amis de Mme de La Sablière, celle de Bernier, de Menjot, de La Fare » (S. 56) [47].

Die La Fontaine-Interpretation Adams scheint in sich nicht schlüssig zu sein. Einerseits insistiert Adam auf dem kritisch-zeitbezogenen Charakter der 2. Fabelsammlung. Auch dem « Milieu »-Einfluß des Salons der Mme de La Sablière räumt er entscheidenden Wert ein und gelangt überhaupt zu einer Interpretation dieser 2. Sammlung, die für lange Zeit richtungweisend bleiben dürfte. Dem entgegen steht freilich eine überaus traditionelle Sicht der Bücher I bis VI. Es ist nicht recht einzusehen, warum La Fontaines Haltung dort durch eine Art „innerer Emigration" charakterisiert sein sollte, die sich in der 2. Sammlung in ein lebhaftes Engagement umwandelt. Wie oben gezeigt wurde, hat La Fontaine die Fabel zu *allen* Zeiten als ein Mittel der Kritik an den „Lastern *seiner* Zeit" verstanden. Warum sollte dies für die 1. Sammlung, für die dieser Anspruch ausdrücklich gefordert wird,[48] in Abrede gestellt werden? Und warum sollten Anspielungen, die sich, wie im Falle der Fabel I 4, präzise auf ein zeitgenössisches ständisches Verhalten be-

---

[47] Adam stützt sich hier, ebenso wie vor ihm Clarac, auf die wichtigsten Vorarbeiten von Jasinski, *Philosophie* und Busson, *Discours*; cf. auch die heftige Polemik zwischen den Genannten in: *RHLF* 42, 1935 und 43, 1936 sowie in: *RHPh* 1, 1933 und 2, 1934; – in der genannten Arbeit hat Jasinski den Milieu-Einfluß des Salons der Mme de La Sablière aufgezeigt, hier allerdings auf philosophischem Gebiet. La Fontaines philosophische Ideen in den Fabeln der 2. Sammlung sind entscheidend von Gassendi geprägt; der Salon der Mme de La Sablière war eine Hochburg des « Gassendisme »; Jasinskis These darf heute als allgemein anerkannt gelten. Zu philosophischen und religiösen Fragen cf. die umfangreichen Arbeiten von Jasinski und Busson (oben); ferner Gohin, *Etudes et Recherches*, 102–123, « La religion de La Fontaine »; – Busson, *Religion* 271 ff.; – schließlich Abbé Caudal, *La religion et l'Eglise dans les ‹ Fables › de La Fontaine*; in: *Recherches et Travaux* 1, 1946, 46–124.

[48] Cf. oben S. 38 ff. sowie vor allem Anm. 32.

ziehen, umgedeutet werden zu einer Kritik überzeitlicher menschlicher Schwächen? Im Widerspruch nämlich zu einer derartigen ahistorischen Interpretation steht Adams Interpretation der Fabel *Les oreilles du lièvre* (V 4). Bis auf den letzten Vers, der jedoch keine ereignishafte Identifikation ermöglicht, weist kein Wort dieser Fabel über das Fabelgeschehen hinaus. Warum aber sollte gerade hier die fabulöse Verschlüsselung von Ereignissen der Tagespolitik vermutet werden, während sie in anderen, offensichtlicheren Fällen von Adam abgelehnt wird? « Vieux conte grec sans doute; mais un lecteur de 1668 ne pouvait s'y tromper: L'allusion aux poursuites engagées contre les financiers sautait aux yeux » (S. 41). Adam macht sich hier eine Interpretationsform zu eigen, die zum ersten Mal von Radouant und Wogue [49] praktiziert worden war: Er verbindet einen Fabeltext, der an keiner Stelle über sich hinausweist, mit einem Ereignis der Tagespolitik, und lädt den heutigen Leser zu einem präzise deutbaren allegorischen Verständnis der entsprechenden Fabel ein, wie es der Zeitgenosse La Fontaines gehabt habe. Auch in der 2. Sammlung geht Adam in dieser Weise vor. Zur Fabel *Le Coche et la Mouche* (VII 9 bzw. 8) schreibt er: « [Cette fable] ne prend toute sa valeur que lorsqu'on l'éclaire par cette vue du moraliste sur la société contemporaine. Dans un monde où tout est voué à l'agitation, ces affairés inutiles deviennent un véritable type social » (S. 50). Die Moralität dieser Fabel ist jedoch keineswegs realitätshaltiger als die der Fabel I 4. Auffälliger noch ist Adams Interpretation der Fabel *La Souris métamorphosée en Fille* (IX 7). Im vordergründigen Sinn verstanden (der hier voll auszureichen scheint), ist diese Fabel eine ausschließlich philosophische Fabel, die den Gedanken der Seelenwanderung ad absurdum führt. Adam versteht sie als « satire sociale »: « Le fabuliste a connu des riches anoblis. Il a écrit en pensant à eux *La Souris métamorphosée en Fille* et leur a rappelé que l'on tient toujours du lieu dont on vient » (S. 50/51). Läßt man in Einzelfällen eine zeitgeschichtlich gebundene alle-

---

[49] Cf. oben S. 58 ff.

gorische Interpretation zu, erhebt sich freilich die Frage, warum man diese in anderen Fällen, die zumindest ebenso dazu einladen, ablehnt.

Und schließlich ein letztes: Adam scheint mit dem Gedanken zu sympathisieren, La Fontaine habe den größten Teil der Fabeln erst nach dem Erhalt des königlichen Druckprivilegs [50] geschrieben. Das Privileg ist auf den 6. Juni 1667 datiert. Das Ausdrucksdatum stammt vom 31. März 1668. Zunächst widerspricht es dem Charakter einer Druckerlaubnis, an dem einmal vorgelegten und genehmigten Werk nachträglich Änderungen vorzunehmen oder weitere Teile hinzuzufügen, besonders in dem hier anzunehmenden Ausmaß.[51] Sodann ist es unwahrscheinlich, daß La Fontaine binnen zehn Monaten den größten Teil seiner Fabeln – bei einer Gesamtzahl von 125 also wenigstens 63 – habe schreiben können, mit Holzstichen versehen und drucken lassen. Für die weniger große Fabelzahl der 2. Sammlung braucht er immerhin zehn Jahre. Selbst wenn man die größere Länge der Fabeln dieser Sammlung in Rechnung stellt, besteht ein krasses Mißverhältnis zwischen den für die Komposition der beiden Sammlungen lt. Adam anzusetzenden Zeitspannen. Weiter ist zu bedenken, daß es sich bei der Erstausgabe 1668 um einen sorgfältig und luxuriös gestalteten, mit 118 Holzstichen von Chauveau ausgeschmückten Band in Quartformat handelt. Diese Überlegungen lassen die Annahme Adams, La Fontaine habe erst 1667 mit der Abfassung seiner Fabeln begonnen, als äußerst fragwürdig erscheinen. Die Vermutung drängt sich daher auf, den Impuls der Fabeldichtung anderwärts zu suchen als in einer auf den Dauphin gerichteten pädagogischen Absicht, die sich im Nachhinein mit einer ästhetischen Ziel-

[50] Cf. oben S. 63 f.
[51] Für die scharfe Kontrolle der gesamten literarischen Produktion der Zeit durch Colbert cf. Febvre/Martin, *L'Apparition*, Kap. VII 5: « Privilèges et contrefaçons », S. 365–371 und Kap. VII 6: « Censure et livres interdits »; – zur Handhabung des Privilegs in der damaligen Zeit cf. Martin, *Livre, pouvoirs et société* II 690/691 (« Le livre parisien à l'époque classique », 1643–1701).

setzung verbindet.[52] Bereits Voßler, den Adam jedoch nicht kennen dürfte, doch ebenfalls Wadsworth hatte sich entschieden dagegen ausgesprochen, La Fontaines Versicherung, die Fabeln seien von großem Nutzen für die Erziehung der Kinder, als bare Münze hinzunehmen.[53] Wadsworth hatte sich auch für einen Beginn der Fabelproduktion um das Jahr 1663 ausgesprochen, wobei er sich auf die Fabeln des Ms. Conrart stützte. Vor allem die nicht in die endgültige Sammlung aufgenommene Fabel *Le Renard et l'Ecureuil* enthält eine deutliche Anspielung auf den Sturz Foucquets, drückt aber gleichzeitig die Hoffnung auf eine Rückkehr des verehrten Mäzens und auf die Vertreibung Colberts aus. Adams Entgegnung, Foucquets Anhänger hätten noch 1667 auf dessen Begnadigung und Rückkehr gehofft, vermag dieses Argument nicht zu entkräften. Denn die zehn Fabeln des Ms. Conrart drücken aufgrund des vorwiegend verwendeten Quellenmaterials (Phädrus) eine frühe „Manier" La Fontaines aus.[54] Darüber hinaus stehen sie inhaltlich insgesamt in engem Zusammenhang mit dem Foucquet-Erlebnis

---

[52] Für die umgekehrte Reihenfolge der Motivation hatte Roche, *Vie* 162/163 plädiert.

[53] Voßler, *Fabelwerk* 1 ff.; – Wadsworth, *Young La Fontaine* 211.

[54] Zur Bedeutung der Fabeln des Ms. Conrart cf. unten S. 77 ff. sowie Anm. 73; – Wadsworth, *Young La Fontaine* 180 ff.; – auch Clarac hatte sich für eine Abfassung der Fabeln des Ms. Conrart « au delà de 1663 » ausgesprochen; dabei ließ er die fast ausschließliche Verwendung des Phädrus als Quelle dieser Fabeln unberücksichtigt; die Abfassung der ersten Fabeln setzt er « aux environs du temps de Vaux » an (*La Fontaine* 68 und 168/169); – Delassault weist in ihrem Aufsatz *Le Maître de Sacy et La Fontaine, traducteurs de Phèdre* (Bibl.) bündig nach, daß sich La Fontaine in einer frühen Periode seines Fabelschaffens auf die für die « Petites Ecoles » Port-Royals angefertigte Phädrus-Übersetzung des Maître de Sacy stützt; – zum kontroversen Problem der Datierung der Fabeln des Ms. Conrart und damit auch des Beginns der Fabelproduktion cf. zuletzt Jasinski, *Premier Recueil* I 87 ff.; – trotz der von Adam (*Histoire* IV 32/33 Anm. 1) und Couton (Ed. *Fables* 12) vorgebrachten Bedenken gegen eine frühe Abfassung von *Le Renard et l'Ecureuil* und damit aller

La Fontaines. Und letztlich: Warum sollte La Fontaine *hinter* ein Verständnis der Fabel zurückgehen, wie es ihm von seinem „Mentor" Patru vermittelt worden war und zu dem er, lt. Adam, teilweise bereits in der 1. Sammlung, in großem Maße aber in der 2. Sammlung kommen wird? [55]

Aus diesen Überlegungen ergibt sich die Frage, ob nicht auch La Fontaines 1. Fabelsammlung, ähnlich wie die 2., eine präzisere zeitkritische Bedeutung habe. « Les chefs-d'œuvre de nos grands écrivains n'ont pas été écrits dans une atmosphère de sérénité, mais parmi les périls. Ils furent des affirmations de liberté au cœur d'une société qui se ruait dans la servitude », sagt Adam in der einleitenden Charakterisierung des « Climat » dieser Zeit.[56] Sollte La Fontaine mit seiner 1. Sammlung etwa außerhalb dieses Klimas stehen?

f) Die „Politisierung" des gesamten Fabelwerkes: Couton, Fabre, Jasinski; methodische Überlegungen zur La Fontaine-Forschung

Georges Coutons 1959 erschienener kleiner Band *La Politique de La Fontaine* weist bereits im Titel auf den Aspekt hin, unter dem der Verfasser La Fontaine sieht: Dessen Äußerungen zu dem, was man in einem sehr weiten Sinn unter dem Begriff « affaires publiques » zusammenfassen kann, ist Gegenstand der Untersuchung. Der Anstoß dazu geht von der Beobachtung aus, daß La Fontaine zeit seines Lebens an Ereignissen, die das Ge-

---

Fabeln des Ms. Conrart, erscheint Jasinskis Argumentation zwingender; – auch im Zusammenhang der hier gegen Adam vorgetragenen Argumente (S. 68 ff.) dürfte der Beginn der Fabelproduktion im Zusammenhang des Foucquet-Erlebnisses und -prozesses, d. h. etwa 1662/63 anzusetzen sein; – cf. auch Roche, *Vie* 162, Anm. 2.

[55] Adam, *Histoire* IV 42: « Patru avait, bien plus nettement que ne faisait La Fontaine, tiré la fable dans le sens de la satire sociale. »
[56] Adam, *Histoire* III 47.

meinwesen (im weitesten Sinn verstanden) betreffen, ein lebhaftes Interesse gezeigt habe: « L'intérêt de La Fontaine pour les affaires publiques s'est marqué à tant d'occasions et avec tant de constance tout le long de sa carrière qu'on s'étonne qu'il n'existe encore aucune étude sur sa politique » (S. 6). Couton folgt in der Darstellung dieser „Politik" nicht der traditionellen Einteilung der Fabeln entsprechend der beiden Fabelsammlungen. Er zieht ein synthetisches Verfahren vor, bei dem einzelne Themenkreise durch die 12 Fabelbücher verfolgt werden. Dabei nimmt er seine Belege ohne Rücksicht auf ihre Chronologie im Gesamtwerk so, wie es die Darstellung eines Themas jeweils erfordert. Couton rechtfertigt dieses Verfahren mit dem Hinweis auf den einmal als unveränderliche Größe gegebenen „Charakter" La Fontaines; andererseits betont Couton ausdrücklich die Unterschiede zwischen der 1. und 2. Fabelsammlung.[57]

In der Kritik ist Coutons Buch zwiespältig aufgenommen worden. Bemängelt wurde einerseits das an Taine erinnernde Vorgehen Coutons verbunden mit dem essayhaften Charakter seines Werkes; dieser hat zur Folge, daß Couton diskussionslos über frühere Arbeiten zu dem gleichen Thema hinweggeht.[58] In der Tat nennt er in einem Atemzug das Buch Taines und die Anthologie André Siegfrieds[59], um dann fortzufahren: « Voilà à peu près tout, à ma connaissance. L'étude des idées de La Fontaine sur la société, sur l'art de mener les hommes, sur les événements de son temps est un sujet encore neuf » (S. 7). Auch S. Jeune äußert sich verwundert über diese diskussionslose Liquidierung Taines.[60] Andere Bedenken beziehen sich auf die von Couton mehrfach vorgenommene Identifikation von Fabel-

---

[57] *Politique* 145 und 74.
[58] Wadsworth in: *MLN* 75, 1960, 374; – L. C. Sykes in: *FSt* 14, 1960, 360.
[59] Zu der Anthologie von A. Siegfried cf. dieses Kapitel oben Anm. 13.
[60] Jeune, *Poésie et Système* 132.

situationen mit zeitgeschichtlichen Ereignissen.[61] Der schwerwiegendste Einwand kommt jedoch von P. Clarac: Er möchte nicht nur das methodische Vorgehen Coutons, sondern vor allem dessen Fragestellung in Zweifel ziehen. « En rapprochant des textes de date et d'inspiration très diverses, une critique ingénieuse peut bien lui [sc. à La Fontaine] prêter telle ou telle doctrine; en aucun domaine, je crois, il ne s'est soucié d'en avoir une. J'hésiterais donc à parler de la politique de La Fontaine [...]. Il s'agit moins ici de ses idées que de son humeur. »[62]

Claracs letzter Einwand kann hier unberücksichtigt bleiben. Er läuft darauf hinaus, La Fontaines zum Teil widersprüchliche Äußerungen als stimmungsbedingte Variationen derselben Themen anzusehen.[63] Es läßt sich jedoch, wie spätere Arbeiten zeigen werden, der Nachweis erbringen, daß es sich in weitaus größerem Maße um ausgeprägte Überzeugungen, Abneigungen oder Zuneigungen, handelt als um stimmungsbedingte Launen. Der essayhafte Charakter des Couton'schen Buches kann dagegen keineswegs abgestritten werden. Doch erscheint eine derartige Darstellung in Anbetracht der Neuartigkeit der Zielsetzung und des umfangreichen historischen Materials, das zur Interpretation einzelner Fabeln neu herbeigetragen wird, nicht als gravierender Nachteil. Gewiß verfährt Couton wissenschaftlich bedenklich, wenn er auf keinerlei Vorarbeit eingeht. Ohne Zweifel auch hat das erste Kapitel seines Buches in der Anlage wie im Ergebnis große Ähnlichkeiten mit dem entsprechenden Kapitel bei Taine. Schließlich sind auch erhebliche Einwände gegen die Vorstellung eines „statischen" Fabeldichters La Fontaine anzumelden. Doch von diesen Bedenken abgesehen überwiegen deutlich die Vorzüge. Sie liegen zunächst in einer wesentlich verfeinerten Anwendung der Taine'schen Milieutheorie. In Anlehnung an Jasinski und Busson hatten Adam und Clarac mit Entschiedenheit auf dem Einfluß insistiert, der vor allem hinsichtlich der philosophischen Ideen der 2. Sammlung von dem

[61] F. R. Freudmann in: *RRo* 51, 1960, 221.
[62] Clarac in: *RHLF* 61, 1961, 251.
[63] Cf. oben S. 17 und die ibid. Anm. 21 angeführten Arbeiten.

Kreis der Mme de La Sablière auf La Fontaine ausgegangen war. In seinem 5. Kapitel *Composantes d'une attitude politique* untersucht Couton den Lebensgang La Fontaines, sein Bemühen, sich in der Gesellschaft einen Platz zu erobern, und schließlich die Kreise, in denen er mit Vorliebe verkehrte. Hier vor allem kommt Couton zu dem Ergebnis, « que les milieux hantés par La Fontaine ne sont pas ceux où l'on applaudit sans discernement à la politique du roi » (S. 130). Es ist nur selbstverständlich, daß das politische Gedankengut dieser Kreise in La Fontaines Fabeln einen Niederschlag gefunden hat. Couton sieht daher in La Fontaine vor allem einen « opposant »; nun zwar nicht einen der vehement engagierten und agitierenden, sondern vielmehr einen zurückhaltend operierenden, ganz seinem skeptischen, stets auf Freiheit bedachten, ja bisweilen anarchistischen Temperament entsprechend. « Il y a tout au fond de son cœur un anarchiste paisible et non militant. »[64]

Erst von einem solchen Verständnis La Fontaines aus vermag der Leser die anderen Kapitel des Couton'schen Buches zu würdigen. Sie behandeln zum Teil die gleichen Themen, die bereits Wogue dargestellt hatte, jetzt aber mit einer wesentlich genaueren Kenntnis der historischen und gesellschaftlichen Hintergründe, als es ca. 40 Jahre zuvor möglich war. Das gesamte Fabelwerk, auch die Bücher I–VI, werden somit zum persönlichsten Vermächtnis des politischen Oppositionellen La Fontaine. « Le livre des *Fables* [...] est un examen de monde fait avec une sincérité dont l'emploi de l'apologue et le déguisement animal adoucissent les arêtes coupantes; sincérité absolue néanmoins. [... La Fontaine] s'y montre donc sous sa plus véritable figure. Leur sincérité confère aux *Fables* leur éminente dignité » (S. 103/104).

[64] *Politique* 143; cf. auch ibid. 144; ferner 130: « Le mot opposant accolé au nom de La Fontaine peut paraître excessif. Il faut nuancer; je ne dis pas qu'il soit sciemment ni volontairement ni de façon agissante un opposant; je crois qu'il l'est spontanément et peut-être par nature. [...] A défaut d'oppositions actives, au moins constaterait-on des manques d'enthousiasme bien significatifs pour accueillir les actes royaux. »

Die chronologische Abfolge in der Darstellung der hier relevanten Sekundärliteratur wurde unterbrochen, um an das Ende dieser Übersicht zwei Arbeiten zu stellen, deren zweite direkt von der ersten angeregt worden ist. Zugleich kommt durch die beiden Arbeiten die hier aufgezeigte Richtung der Fabelinterpretation zu einem konsequenten Abschluß.

Die erste Arbeit, der 1951 erschienene Aufsatz von Jean Fabre *L'aventure et la fortune dans les ‹ Fables › de La Fontaine* interessiert weniger vom Inhalt als von der eingeschlagenen Methode her. Fabre untersucht, so weit wie möglich der Chronologie der Fabeln folgend, durch die 12 Bücher hindurch die beiden Themenkreise *aventure* und *fortune*. Zielpunkt der Untersuchung ist La Fontaines sich wandelnde Einstellung zu den genannten Begriffen und die damit Hand in Hand gehende Entwicklung seiner Persönlichkeit.

Über ein in großen Linien skizziertes Porträt La Fontaines entsteht jedoch ebenso umrißhaft das Bild einer Epoche; sie wird durch den aufkommenden Merkantilismus und seine (aus La Fontaines Sicht) vorwiegend negativen Begleiterscheinungen geprägt: ruhelose Jagd nach Abenteuer und Reichtum in fernen Ländern. Daß diese Themen in der 2. Sammlung z. T. recht unverhüllt dargestellt werden und als Kritik an Colberts Handelspolitik zu verstehen sind, ist der neueren La Fontaine-Forschung nicht verborgen geblieben. Wie aber verhält es sich mit der sehr viel unpersönlicher scheinenden 1. Sammlung? Auch hier steht es für Fabre außer Zweifel, daß sich La Fontaine in ganz entscheidendem Maße von der politisch-sozialen Realität seiner Zeit inspirieren läßt. Nur verhüllt er diesen Bezug sorgfältiger, als er es in der zehn Jahre später erscheinenden 2. Fabelsammlung tun wird. Durch den Bezug zu zeitgeschichtlichen Ereignissen, die sich hinter den Fabeln *L'Astrologue qui se laisse tomber dans un Puits* (II 13) und *Le Berger et la Mer* (IV 2) deutlich verbergen [65] und zu denen La Fontaine in der seiner frühen „Manier" eigentümlichen Weise kritisch Stellung nimmt,

---

[65] Zu *Le Berger et la Mer* (IV 2) cf. oben S. 60 sowie Anm. 34.

kommt Fabre zu dem Ergebnis, man müsse « arracher le commentaire des *Fables* à la routine scolaire, ou aux amplifications pseudo-historiques, à la manière de Taine ». Dazu sei folgender Weg einzuschlagen: « Dater, dans toute la mesure du possible, chaque fable; la confronter, non tant avec ses sources livresques, qu'avec l'actualité historique. » [66] Ausdrücklich bezieht sich Fabre bei dieser Zielsetzung auf Adams Kommentar zu den frühen Satiren Boileaus.[67] Der Fabeldichter gehe « moins bruyamment, mais plus insidieusement » (S. 317) vor als der Satiriker. Fabre zieht daraus den Schluß: « La contre-propagande et l'opposition spirituelle et tenace de La Fontaine aux projets de Colbert, dans les six premiers livres des *Fables* et même au-delà, mériteraient une étude à part. » [68] Denn eine der Hauptintentionen der 1. Fabelsammlung sei die auf wirtschaftliche Expansion und nationale Größe gerichtete Politik Colberts, « ministre détesté ». « Plus d'une fois le conformisme le mieux avéré et la satire la plus piquante se combineront [...] dans la malice de La Fontaine, pour dicter à cet opposant clandestin et tenace son aversion d'une morale de dépassement, comme d'une politique de la grandeur. Esope est un merveilleux alibi » (S. 314). In bezug auf die heute scheinbar völlig harmlose und nichtssagende *moralité* der Fabel *Le Berger et la Mer* (IV 2)

> La mer promet monts et merveilles;
> Fiez-vous y, les vents et les voleurs viendront

schreibt Fabre: « Pour des raisons trop évidentes, il est impossible à une fable de détailler davantage l'actualité: mais peut-on comprendre sans elle le malin plaisir que durent y trouver, comme à bien d'autres, ses premiers lecteurs? » (S. 317) Schon hier also (1951) wird, *vor* den La Fontaine-Arbeiten von Adam und Couton, in konsequenter Weiterentwicklung des erstmals

---

[66] Fabre, *Aventure* 316 Anm. 2.
[67] Er zitiert hier auch die oben S. 62 f. angeführten Sätze aus der Vorrede Adams.
[68] Fabre, *Aventure* 317 Anm. 1.

von Larocque geforderten Verfahrens,[69] La Fontaine gesehen als « opposant clandestin et tenace ». Adam und Couton scheinen beide Fabres Aufsatz nicht zu kennen. Doch waren sie zu einem nur in Nuancen differierenden Bild gelangt.[70] Fabre seinerseits exemplifiziert an *einem* Thema die kritische Zeitbezogenheit der La Fontaine'schen Fabeln, einen Aktualitätsbezug, den vor ihm in umfangreicherem, wenngleich weniger präzisen Maße bereits Radouant und Wogue sichtbar gemacht hatten.

Unmittelbar an Fabres Aufsatz knüpft René Jasinski mit seinem monumentalen zweibändigen Werk *La Fontaine et le premier recueil des ‹ Fables ›* an. In der *Conclusion* des genannten Werkes billigt er ausdrücklich als Interpretationsansatz Fabres oben zitierten Satz: « Dater, dans toute la mesure du possible, chaque fable; la confronter, non tant avec ses sources livresques, qu'avec l'actualité historique. » Er fährt dann wie folgt fort: « Engagé depuis longtemps dans nos propres recherches, nous nous trouvions aux prises avec les mêmes énigmes, les mêmes difficultés. Elles nous amenaient à poser de multiples questions, et, dans le cadre restreint que nous nous sommes fixé, nous essayons d'y porter une réponse au moins partielle » (II 399). Es ist konsequent, wenn Jasinski seine Untersuchungen allein der 1. Fabelsammlung widmet. Die Gründe dafür liegen auf der Hand und sind durch die bisherige Darstellung klargeworden: Spätestens seit Bray und Clarac war weiten Teilen der 2. Sammlung eine größere, wenngleich gebührend versteckte und damit im Einzelfall geradezu unverbindliche kritische Intention zugesprochen worden. Erst die summarische Darstellung von A. Adam hatte hier den entscheidenden Durchbruch gebracht. Gerade in der ersten Sammlung aber schien eine personal oder ereignishaft bezogene Intention nur äußerst sporadisch faßbar zu sein. Der Aufsatz von J. Fabre hatte hier einen Weg gewiesen, den Jasinski mit Entschiedenheit einschlägt.

[69] Cf. oben S. 55 ff.
[70] Adam freilich nur für die 2. Sammlung.

Im einleitenden Kapitel des 1. Bandes [71] zeichnet Jasinski zunächst den Lebensgang La Fontaines bis zum Sturze Foucquets nach. Jedes Dokument zur Vita La Fontaines wird dabei einer genauen Prüfung unterzogen und vor allem die gesellschaftliche Verquickung des Autors in Kreise hervorgehoben, die zum Königshof und der allmählich erstarkenden Monarchie aus den verschiedensten Gründen in Opposition standen. Sämtliche bis 1661 erschienenen Werke werden darüber hinaus in die menschliche und künstlerische Entwicklung La Fontaines eingeordnet. Jasinski kann glaubhaft machen, daß es sich bei den Werken (vor allem *L'Eunuque, Clymène, Le Songe de Vaux*) nicht um beliebig zu situierende Zufallsprodukte handelt, sondern daß sie vielmehr ihren festen Platz in der geistigen und künstlerischen Entwicklung La Fontaines einnehmen. Das folgende Kapitel [72] läßt Jasinski mit dem Brief La Fontaines an seinen Freund Maucroix nach dem Sturz Foucquets beginnen; er schildert die weiteren Lebensumstände des Dichters bis zur Veröffentlichung der ersten Fabelsammlung (Reise nach Limoges; Dienst als *gentilhomme servant* im Hause der *vieille Madame* etc.); darüber hinaus skizziert er das Stimmungsbild der öffentlichen Meinung nach dem Sturze Foucquets, bedingt vor allem durch die Rechtsverstöße im Foucquet-Prozeß; er bringt des weiteren zahlreiche Zeugnisse für die zum Teil überaus heftige Reaktion der Öffentlichkeit gegen Colbert. Den Impuls zur Fabeldichtung sieht Jasinski sodann im Sturze Foucquets und damit zusammenhängenden Ereignissen. Sie hätten La Fontaine veranlaßt, sich der breit angelegten Oppositionskampagne *gegen* Colbert und *zugunsten* Foucqets mit den Mitteln der scheinbar harmlosen Fabel anzuschließen. Erstes Zeugnis für das bewußte Nutzbarmachen der Möglichkeiten, welche die Fabel als Gattung bietet, seien die zehn Fabeln des Ms. Conrart der Bibliothèque de

---

[71] Kap. I « Avant les *Fables* », I 9-61; – ich referiere im folgenden die Thesen Jasinskis relativ ausführlich; sein Buch ist nicht nur wegen äußerlicher Mängel (cf. meine Besprechung in: *ASNS* 207, 1970, 233-238) schwer leserlich.

[72] Kap. II « Genèse du Recueil », I 62-195.

l'Arsenal, die alle in engem Zusammenhang mit dem Sturz und dem Prozeß Foucquets stünden.[73] Nachdem sich La Fontaine erst einmal der Mehrdeutigkeit der Fabelallegorie voll bewußt geworden sei, habe er die sich hier bietenden Möglichkeiten konsequent ausgenutzt. So wie der Impuls zur Fabeldichtung im Sturze Foucquets zu sehen sei, sei auch die weitere Verwendung der Fabel in großem Maße aus dem Bedürfnis zu erklären, teilzunehmen am Kampfe gegen den verhaßten Minister Colbert, der, skrupellos und unrechtmäßig zur Macht gelangt, Frankreich in den folgenden Jahren systematisch auf den Weg einer streng zentralisierten Monarchie geführt habe.

Es ist hier nicht möglich, den einzelnen Abschnitten dieses überaus reichhaltigen zweiten Kapitels anders als stichwortartig zu folgen. Ausführlich behandelt Jasinski den Verlauf des Foucquet-Prozesses;[74] er schildert aufgrund zahlreicher Zeugnisse die Reaktion der Zeitgenossen auf diesen Prozeß, die allmählich wachsende Opposition gegen Colbert und dessen zeitweise gefährdete Stellung; er stellt die gesellschaftlichen und literarischen Zirkel vor, in denen La Fontaine zu jener Zeit verkehrt hat und zeigt, wenigstens für die französische Literatur, die politische Tradition der Fabel auf.

In resoluter Abkehr also von einer vorwiegend ästhetischen oder allgemein moralischen Interpretation setzt Jasinski die

---

[73] Zur Bedeutung dieser Fabeln allgemein cf. Jasinski, *Premier Recueil* I 87 ff.; cf. auch dieses Kapitel oben Anm. 54; – die Fabeln des Ms. Conrart sind folgende: 1. *Le Loup et l'Agneau* (= I 10); – 2. *Le Corbeau et le Renard* (= I 2); – 3. *Les Grenouilles qui demandent un Roy* (= III 4); – 4. *Les deux Mulets* (= I 4); – 5. *Le Renard et l'Ecureuil* (= nicht aufgenommen, cf. Ed. Couton S. 399); – 6. *La Génisse, la Chèvre ... avec le Lion* (= I 6); – 7. *La Grenouille qui veut ressembler au Bœuf* (= I 3); – 8. *Le Lion accablé de vieillesse* (= III 14); – 9. *Le Rat de Ville et le Rat des Champs* (= I 9); – 10. *La Mort et le Malheureux* (= I 15); – Bibliothèque de l'Arsenal, Mss. Conrart, Bd. IX, f° 533–539.

[74] « Le procès de Foucquet fut comme l'affaire Dreyfus par lequel s'ouvrit le règne personnel de Louis XIV »; I 111.

erste Fabelsammlung entschieden in die historische Situation der Jahre 1661–1668 zurück. Die Sammlung wird durch die Identifizierung zahlreicher Fabelsituationen mit tagespolitischen Konstellationen in überaus verschlüsselter Form zu einer Chronik des Zeitgeschehens. Statt einer überzeitlichen und damit für den konkreten Einzelfall unverbindlichen Lebenslehre der Schwachen und Entrechteten, die sich im Lebenskampf gegen die Starken zu behaupten versuchen (« morale paysanne »), drücken die Fabeln für Jasinski die persönlich engagierte Moral eines zum herrschenden Regime in Opposition stehenden Individuums aus (« morale de l'opposant »).

Über diese allgemeine Charakterisierung hinaus erlaubten die ersten sechs Bücher, in vorsichtiger Weise eine Art von innerer Biographie La Fontaines aufzuzeigen; denn selbst wenn es nicht möglich sei, eine präzise Chronologie der Fabeln aufzustellen – da in den meisten Fällen die über die einzelnen Fabeln hinausweisenden konkreten Anspielungen fehlen –, so werde doch aufgrund des Zurücktretens bzw. der anderen Akzentuierung von Themen der ersten Bücher und des Hinzukommens neuer Themen in den späteren Büchern deutlich, daß die Anordnung der ersten Sammlung einer inneren Logik entspricht. Diese sei bedingt durch den ständigen Rückbezug La Fontaines auf die ihn umgebende Wirklichkeit, der er trotz zeitbedingter Wandlung der äußeren Verhältnisse in kritisch ablehnender Grundhaltung gegenüberstehe. Allein eine aufmerksame durchgängige Lektüre dieser sechs Bücher vermöge den Wandel in La Fontaines Einstellung zu offenbaren.

Soweit in notwendig verkürzter Form die Hauptgedanken der beiden einleitenden Kapitel. Auf sie folgt eine durchgehende Interpretation *aller* Fabeln der Bücher I–VI, wobei im Durchschnitt jedem einzelnen Buch je 100 Seiten Kommentar zukommen. Erst gegen Ende des 2. Bandes werden im Anschluß an Buch VI die Vorrede der ganzen Sammlung *(Préface), La Vie d'Esope* sowie die beiden Widmungsbriefe an den Dauphin behandelt.

Jasinskis Arbeit stellt den ersten ernsthaften Versuch dar, die Fabeln der Bücher I–VI der herkömmlichen, vorwiegend literarisch-ästhetischen Interpretation zu entreißen, vorausgesetzt allerdings, der Leser kann sich zu einer durchgängigen Lektüre der gesamten Fabelsammlung bereitfinden und so allein die thematischen Wandlungen und damit verbunden La Fontaines eigene Wandlung realisieren. Zum ersten Mal gelingt es auch, den einzelnen Büchern eine eigene Physiognomie zu geben. Scheinbare Themenwiederholungen können in Zukunft nicht mehr als beliebige, ästhetisch mehr oder minder geglückte Variationen desselben Themas angesehen werden. Sie sind vielmehr stellenbedingt und ordnen sich in eine Themenprogression ein, die sich schließlich zu einer kohärenten Einheit abrundet: « Il est en définitive une architecture des Fables: comme il en est une pour tous les recueils où se concentre une âme, comme pour les Fleurs du Mal » (I 173). Dies erscheint als eines der wichtigsten und auch unbestreitbarsten Ergebnisse der Arbeit Jasinskis. Auch daß ein Großteil der erbarmungslosen Grausamkeit dieser Fabeln Transposition schmerzhaft erfahrener Wirklichkeit ist; daß die Fabeln der Bücher I–VI im Gefolge des Foucquet-Prozesses zunächst teilnehmen an der Oppositionskampagne gegen Colbert, bis ab Buch III, langsam zuerst, doch in den folgenden Büchern immer spürbarer La Fontaine sich seiner eigenen Position bewußter wird und sich die zunächst begrenzte kritische Fragestellung auch auf allgemeine politische Probleme der Zeit ausweitet, dies gezeigt zu haben, ist das unumstößliche Verdienst Jasinskis. Die beiden Bände rücken damit gleichwertig neben Antoine Adams Interpretationen der frühen Satiren Boileaus. Ein weiteres wichtiges Dokument der französischen Klassik erhält auf diese Weise eine zeitgeschichtliche Dimension. Die aktuelle, zeitbedingte Komponente erweist sich gegenüber der bisher vorrangig berücksichtigten literarhistorischen Tradition zumindest als gleichwertig für den Entstehungsprozeß dieser Fabeln. Deren Intention, ihr integrierender Impuls treten sehr viel deutlicher zutage, als dies bisher geschehen ist. Es scheint als gesichert gelten zu dürfen, den Beginn der Fabelproduktion endgültig mit La Fontaines Foucquet-Erlebnis in Verbindung zu bringen; das heißt gleichzeitig, auf eine primär ästhetische oder moralische Motivation der Fabelproduktion zu verzichten. Auch von dem Gedanken, La Fontaine habe erst gegen 1667 mit der Abfassung von Fabeln begonnen, wird man Abstand nehmen müssen.

Nun erheben sich freilich Bedenken gegenüber der von Jasinski eingeschlagenen Methode sowie vor allem gegenüber seinen Ergebnissen.[75] In seiner *Histoire de la vie ...* hatte Walckenaer über La Fontaine geschrieben: « Dans tout ce qu'il a fait paroître de son vivant, il n'y a pas une seule ligne qui soit dirigée contre quelqu'un en particulier, ou écrite dans l'intention de blesser qui que ce soit. »[76] Dieser Satz trifft insofern zu, als die Mehrdeutigkeit der Tierallegorie einen direkten Bezug haben *kann*, sie diesen aber nichtsdestoweniger im gleichen Augenblick durch das Alibi der Allegorie wieder verschleiert. Voßler hatte aus dieser Erkenntnis den Schluß abgeleitet, „daß der Dichter selbst uns ermuntert, bald dies, bald das aus ihnen herauszulesen"[77]. So betrachtet hat La Fontaine in der Tat keine Fabel *veröffentlicht*, die einen eindeutigen, direkten Bezug auf eine Person oder ein Ereignis enthielte bzw. nicht *auch* die Möglichkeit der überzeitlichen, allgemein moralischen Deutung zuließe. In dem *einen* Fall, in dem, wie in *Le Renard et l'Ecureuil*[78], der präzise Bezug zu Foucquet und Colbert nicht zu übersehen war, hat La Fontaine die Fabel aus seiner Fabelsammlung ausgeschlossen. Offenbar sollte diese erste Sammlung in einer Art Schwebezustand zwischen der Möglichkeit eines ereignishaften Bezuges und der der ahistorischen Mehrdeutigkeit gehalten werden. Und ganz offensichtlich auch scheute La Fontaine den offenen Angriff gegen einen ungleich mächtigeren Gegner. Insofern sind die Bücher I–VI ein genialer Akt der Verschlüsselung und Desorientierung, der wahrscheinlich ein Großteil der damaligen Leser, ganz gewiß aber die meisten heutigen erlegen sind.

[75] Zur Aufnahme von Jasinskis *Premier Recueil* durch die Kritik cf. unten S. 86 ff. sowie Anm. 88.
[76] Walckenaer, *Vie et Ouvrages* 158.
[77] Voßler, *Fabelwerk* 54.
[78] Cf. oben S. 69.

Jasinski weist zwar an mehreren Stellen darauf hin, daß die Fabeln von der initiierten Leserschaft in der von ihm vorgeschlagenen Bedeutung begriffen worden sind.[79] Das ist nur allzu wahrscheinlich in einer Epoche, in der Literatur über weite Strecken hin als « littérature à clef » angesehen wir. Der schlüssige Beweis kann im Falle La Fontaines allerdings nirgends erbracht werden; denn kein Zeugnis jener Zeit deutet präzise in diese Richtung.[80] Daher werden die Verfechter einer allgemeingültigen, überzeitlichen Interpretation immer auch einen Teil der Wahrheit auf ihrer Seite haben. *Nach* Jasinskis Buch kann es aber nur ein Teil sein. Denn selbst wenn in zahlreichen Fällen die Rekonstruktion eines genau fixierten zeitgeschichtlichen Hintergrundes und eines entsprechenden Bezuges zu einzelnen Fabeln problematisch bleibt, selbst wenn Jasinski sich mitunter auf den Boden kühner Hypothesen begibt und der Leser nicht ohne weiteres geneigt ist, ihm zu folgen « jusque dans ces ultimes conjectures » (II 184), so dürfen doch der Ansatzpunkt und die große Linie der Interpretation als gesichert angesehen werden. Einzelne extrem überspitzt anmutende Interpretationen erklären sich aus der prononciert vorgetragenen These, die Fabeln *historisch* zu situieren,[81] eine These, deren Beweis sie übrigens aufs Ganze gesehen in keiner Weise beeinträchtigen. Die konsequent durchgeführte Identifizierung fast aller Fabelsituationen dieser ersten Sammlung mit Ereignissen der Zeitgeschichte mag für manchen heutigen Leser eine allzu kühne Herausforderung sein. Jasinski systematisiert jedoch letzten Endes nur das, was in zaghafter Form von Radouant und Wogue begonnen und inzwischen für die dort zur Diskussion

---

[79] Das gleiche Argument hatten bereits Adam und Fabre ins Feld geführt; cf. oben S. 67 und S. 75.

[80] Cf. oben Kapitel I S. 1 ff.

[81] « Sans méconnaître le danger des conjectures plus aventurées que nous risquons parfois – nous cherchons surtout à ouvrir des possibilités, en réaction contre les étroitesses qui réduisent la pensée de La Fontaine aux banalités du sens commun ... »; a. O. II 252.

stehenden Fabeln allseitig anerkannt wird.[82] Doch auch Adam und Couton hatten das gleiche Verfahren einer zeitgebundenen allegorischen Deutung in einzelnen Fällen bereits praktiziert.

Die Fabeln La Fontaines als ein kritischer Spiegel des Zeitgeschehens, als ein Dokument von zunächst nicht vermuteter zeitgebundener Aktualität, die sich unter der der Gattung eigentümlichen Übertragung in die Tierallegorie verbirgt; das Geschehen zahlreicher Fabeln direkt bezogen auf die politisch-

[82] Zur Interpretation der Fabel *Conseil tenu par les Rats* (II 2) und *Le Berger et la Mer* (IV 2) cf. oben S. 60 und Anm. 34 sowie S. 75; – cf. ferner die Fabel *Le Rat qui s'est retiré du monde* (VII 3), die im Ms. Trallage der Bibliothèque de l'Arsenal als „Allégorie" bezeichnet wird und präzis „aufschlüsselbar" ist; die Fabel ist mit dem Vermerk „Mai 1675" versehen, der aller Wahrscheinlichkeit nach das Abfassungsdatum bezeichnet. Hinter der „allgemeingültigen" Darstellung der Selbstgefälligkeit, des Egoismus und der Hartherzigkeit verbergen sich in dieser Fabel deutlich erkennbar kirchengeschichtliche Ereignisse, die von Radouant aufgedeckt worden sind (Ed. *Fables* 234); – im Recueil Maurepas, BN fonds franç. 12618 fand ich zwei Fabeln, die jeweils als « Fable allégorique » bezeichnet werden; f° 347–354 die Fabel *L'Aigle, le Moineau & le Perroquet*; sie ist auf 1670 datiert und bezieht sich, wie der Schreiber hinzufügt « Sur le Mariage qui se devait faire de Marie-Louise d'Orléans [...] avec Antoine-Nompar de Caumont, Conte de Lauzun ». Im Kommentar enthält sie einen detaillierten Schlüssel; formale Eigentümlichkeiten sind die Mischung aus Alexandriner, Zehn- und Achtsilblern sowie ein freies Reimschema; – ibid. f° 397–401 die « Fable allégorique » *Le Lion, le Chat & le Chien*; Datierung am Rande 1671; die Fabel bezieht sich auf eine Liebesintrige im Hause des Grand Condé. Der sehr detaillierte durchgängige Kommentar präzisiert u. a.: « Un grand Lion = Condé; le chat est le page et le chien le laquais. » Formal kann auch diese Fabel den Eindruck La Fontaines nicht leugnen: Mischung aus 12-, 10- und 8-Silblern, *ein* Sechssilbler (!); freies Reimschema, darüber hinaus auffällige Situationsähnlichkeit mit La Fontaines *Le Lion amoureux* (IV 1): Am Ende der Fabel klagt der Löwe, der von der Löwin betrogen worden ist: « C'est en vain, grandeur et prudence. / [...] Le Grand Lion reçoit tout l'outrage qu'il craint / Malgré tout son esprit et toute sa puissance. »

gesellschaftliche Realität der Zeit: Ein solches Verständnis der Fabeln bedeutet zweifellos einen Wendepunkt in der Geschichte ihrer Interpretation. Endgültig werden sie befreit aus ihrer zeitlosen Unverbindlichkeit. Das (nur) schöne, allgemein menschheitsgültige Kunstgebilde erhält einen historisch bedingten Stellenwert und gewinnt eine neue Aussagedimension. Es verarmt dadurch nicht etwa; ganz im Gegenteil wird keinem Leser die teils ergötzliche, teils erbauliche überzeitliche Aussage der Fabeln streitig gemacht. Auch diese Dimension kann immer, und mit Recht, vermutlich als auch von La Fontaine intendiert, im Verständnis mitschwingen und wird es zweifellos bei einer Großzahl der Leser tun. Die Legende vom scheinbar so verträumten « bonhomme » La Fontaine erhält jedoch ihre zweite Korrektur: Valéry hatte in seinem *Adonis*-Aufsatz [83] La Fontaine als den bewußten Künstler rehabilitiert und im *Adonis*, aber auch in den Fabeln, den Triumph einer hellsichtigen, klaren Kunst gefeiert. Zur Hellsicht und zur Bewußtheit des künstlerischen Aktes kommt nun die der Aussage hinzu. Die 2. Fabelsammlung hatte seit Sainte-Beuve den Ruf genossen, wenigstens stellenweise persönlicher Ausdruck La Fontaines zu sein. Die Erkenntnis, daß es sich hier zugleich auch um zeitgebundene Kritik handelt, war allmählich dazugekommen und hatte den Bedeutungsbereich der Fabeln nicht unerheblich erweitert. Den Büchern I–VI dagegen haftete, nicht zuletzt aufgrund ihrer Widmung an den 6jährigen Dauphin, stets der Anruch einer Lektüre für Kinder an. Aber gerade die größten Kinderbücher der europäischen Literatur, der *Don Quichote*, *Gullivers Reisen*, *Reinecke Fuchs* sind auch zugleich die grausamsten Satiren mit einem sehr präzisen historischen Zeitbezug.[84] Ist es daher Zufall,

[83] Cf. oben S. 10 sowie ibid. Anm. 7.

[84] Für Cervantes' *Don Quijote* ist das eine seit langem bekannte Tatsache: « Es innegable [...] que se sitúa [sc. Cervantes] a la vida que lo circunda de manera muy definida y muy consciente. Ahora lo que nos interesa es justamente el punto de vista crítico, que es distinto de la extension de la cultura, y que es asimismo cosa muy diversa del poder de fantasear a los efectos del juego del arte »; A. Castro, *El*

wenn nun auch La Fontaine aus der Unverbindlichkeit eines Erzählers von Geschichtchen und Gedichtchen befreit wird? Spitzer z. B. sieht in *Les deux Pigeons* (IX 2) die Maskierung von La Fontaines Altersschmerz. „Solche Maskierung war für den Dichter des 17. Jahrhunderts gegeben, wenn er von sich selbst sprach: er konnte nicht mehr wie Ronsard das *Carpe diem et carpe rosam* frei heraussingen." [85] Diese Bemerkung ist auf die „Liebeslyrik" der Fabeln bezogen. Aber „maskiert" sich La Fontaine in den anderen Fabeln nicht auch? Spricht er dort etwa unter dem Gewand der Fabeln *nicht selbst* und *nicht von sich selbst*? Sollte es sich dort um das völlig vom Künstler gelöste, autonome, „reine" Kunstwerk handeln, während nur in *Les deux Pigeons* und ähnlichen „lyrischen" Fabeln eigenes Erleben in das Fabelgewand transponiert wird? Spricht nicht der bereits zitierte Vers aus *Clymène* [86] dagegen? An anderer Stelle spricht Spitzer selbst von der „satirischen Absicht" der Fabeldichtung.[87] Liegt hier nicht ein Widerspruch vor? Und weiter: sollte das, was der 2. Sammlung recht ist, nicht auch der ersten billig sein? An keiner Stelle läßt sich bei La Fontaine belegen, daß sich seine Einstellung gegenüber der Fabel als Aussagemedium gewandelt hätte; gewandelt haben sich jedoch, aufgrund des langen Umgangs mit der Gattung und der größeren Vertrautheit mit ihr, seine Ausdrucksmittel. Auch ist ihm bewußter geworden, – wie der hymnische Einsatz an Mme de Montespan zu Beginn des 7. Buches zeigt, – welches Mittel er hier in Händen hatte und daß er seine Möglichkeiten bisher keineswegs er-

---

pensamiento de Cervantes, Madrid 1925; Kap. II « Analisis del sujeto y critica de la realdad », S. 68 ff.; Zitat S. 76; – zu *Guillivers Reisen* cf. Sir Ch. Firth, *The political Significance of Swift's 'Guillver's Travels'*; in: Historical and Literary Essays, Oxford 1938, 210–241; – zu Goethes *Reinecke Fuchs* cf. K. Lazarowicz, *Verkehrte Welt, Vorstudien zu einer Geschichte der deutschen Satire,* Tübingen 1963, Kap. IX: „Mundus Perversus", zu Goethes *Reinecke Fuchs,* S. 257 ff.

[85] Spitzer, *Übergang* 189.
[86] Cf. oben S. 18 und Anm. 24.
[87] Spitzer, *Übergang* 189.

schöpft hatte. Zweifellos ist er selbst auch „reifer" geworden; der Erfolg der 1. Sammlung hat ihn selbstsicher gemacht; er tritt daher unmittelbarer als erzählendes Subjekt in Erscheinung; rein äußerlich werden die Fabeln länger. Das sind bekannte Tatsachen, die durch eine thematische und stilistische Analyse ohne Schwierigkeiten belegt werden könnten. Doch all dies bedeutet nicht, daß erst mit Beginn der 2. Sammlung die Fabel für La Fontaine die Möglichkeit der persönlichen zeitkritischen Aussage bietet. Unter veränderten Umständen war sie von Anbeginn für ihn *die* Gattung gewesen, die er nach tastenden Versuchen in anderen Gattungen als die erkannte, die ihm den meisten persönlichen Ausdrucksspielraum bot. Wie sollte sich auch anders eine ca. 25jährige Beschäftigung mit ein und derselben Gattung rechtfertigen?

Aus der detaillierten Darstellung konnte sichtbar werden, wie in Jasinskis Werk, im Bemühen um eine exakte historische Situierung der Fabeln, eine faszinierende Fülle zeitgeschichtlicher Dokumente herangezogen wurde. In dieser Hinsicht markiert es ohne Zweifel einen Höhe-, ja vielleicht einen Endpunkt der Fabelforschung.[88] Die Kritik hat auf das Buch, ganz im Gegen-

---

[88] Zumindest *dieser* Art von Fabelforschung; die Fabelforschung *nach* Jasinski hat keine grundsätzlich neuen Impulse gebracht. Eine Bilanz neuerer Arbeiten zu den Büchern VII–XII enthält der Forschungsbericht von J. Marmier (Bibl.); – *Europe* (Bibl.) enthält eine Sammlung ungleicher Aufsätze; zu erwähnen P. Bornecque, *Thèmes et organisation des Fables*, a. O. 39–52; der Aufsatz ist eine beliebige und schematische Zuordnung von Fabeln zu Themengruppen; *ein* Thema wird exemplifiziert: « La Nature accuse l'Homme », 47 ff.; die Aktualität des Themas begründet durch « la pollution générale et [...] la dégradation de la Nature », ein Beitrag also zum Umweltschutz; La Fontaine verteidige Pflanzen und Tiere, « [parce] qu'il ressent pour eux un amour profond »; – wichtiger M. Soriano, *Des Contes aux Fables*, 99–131: Interpretation (100–116) von *La Femme noyée* (III 16) sowie die Diskussion der Frage « La Fontaine et le Peuple » (116–131) anhand mehrerer Fabeln; – erwähnenswert die Zusammenstellung verschiedener Interpretationen zur Fabel I 1 unter

satz zu anderen Arbeiten des Autors, zurückhaltend reagiert.[89]
Eine methodische Auseinandersetzung im eigentlichen Sinn hat

dem Titel « Avez-vous lu *La Cigale et la Fourmi?* », 132–145; – schließlich ein interessanter Aufsatz von J. Batany, *La Fontaine et la tradition médiévale*, 62–72: Erörterung der Verwendung von Esel und Fuchs im MA sowie bei La Fontaine; – abschließend (163–166) ein hymnisches Referat von Collinet, *Monde littéraire* durch J. Gaucheron; – N. Richard, *La Fontaine et les Fables du 2è recueil* (Bibl.) lehnt sich eng an das Vorbild Jasinskis an, ist jedoch vorwiegend eine nach Themengruppen angeordnete Auflistung; dabei geht Verf. m. E. zu wahllos vor; vielfach werden die Fabeln nur paraphrasiert; neue Erkenntnisse werden nicht vermittelt; zu nennen ist schließlich P. Bornecque, *La Fontaine Fabuliste* (Bibl.). Absicht des Verf. ist ein « travail d'ensemble sur ce sujet ». Unter Verwendung der reichhaltigen La Fontaine-Bibliographie (a. O. 332–338) wird kaum ein Aspekt des Dichters nicht berücksichtigt. Das Buch ist eine extrem geraffte Synthese, in der alle die auf ihre Kosten kommen sollen, die, wie der Verf., « communient dans le culte du poète »; – ärgerlich ist der essayistisch gehaltene Aufsatz von Y. Champigneul, *L'absolutisme royal: Une lecture de La Fontaine* (Bibl.), der keine neuen Erkenntnisse bringt und in dem Verf. nicht einen einzigen der hier behandelten Titel anführt oder berücksichtigt; – P. Bürger, *La Fontaines Fabeln* (Bibl.) ist die beste Einführung in die widersprüchliche Welt der Fabeln, die B. versteht als eine „Darstellung der Lebenswelt aus der Perspektive der Kleinen, hergerichtet zum ästhetischen Genuß der Großen" (326); Bürger berücksichtigt m. E. nicht ausreichend, daß sich La Fontaine weitgehend mit der gruppenspezifischen Perspektive der « Noblesse d'épée » identifiziert; auf diese Weise rückt er ihn wieder in den Bereich des Ästheten und Moralisten.

[89] So liegt an gewichtigen Stellungnahmen lediglich die Besprechung von G. Couton in: *RHLF* 68/1968, 845–851 vor. Über die Erörterung strittiger Detailfragen hinaus schreibt Couton: « On peut craindre que le livre de M. Jasinski ne s'impose que lentement malgré [...] sa solidité. Il est appelé pourtant à renouveler notre connaissance de La Fontaine »; – man kann sich des Eindrucks nur schwer erwehren, als werde das La Fontaine-Buch in Frankreich trotz Richard und Bornecque (cf. vorige Anm.) kaum zur Kenntnis genommen. Ob und inwieweit sich hinter solcher Ignorierung nicht ein unreflektierter

jedoch nirgends stattgefunden.[90] Dies erklärt sich daraus, daß auch Jasinskis *La Fontaine* der universitären Kritik zuzurechnen ist, daß er in einer literaturwissenschaftlichen Tradition steht, die vorwiegend um biographisch-historische und, im engen Sinn, literaturgeschichtliche Situierung des jeweiligen Werkes bemüht ist. Aus dieser Tradition ist die in Frankreich beliebte « L'Homme et l'Œuvre »-Forschung hervorgegangen;[91] in der *Revue d'Histoire littéraire de la France* hat sie sich ihr Publikationsorgan geschaffen. Claracs *La Fontaine* ist ein Beispiel derart konzipierter La Fontaine-Forschung, selbst wenn seine Darstellung ein harmonisch geglättetes Bild der Epoche verrät und La Fontaine ihm zu einem, freilich durch « inquiétude » und « ennui » gekennzeichneten « Miracle de Culture » gerät.[92] Von Walckenaer, besonders aber von Taine an hat sich die französische universitäre Kritik fast ausnahmslos in den hier skizzierten Bahnen bewegt, vor allem die La Fontaine-Kritik.[93] Im

Klassikerkult verbirgt, der sich gegen die Destruktion einer idealisierten, aber lieb gewonnenen Vorstellung des « Grand Siècle » zur Wehr setzt, müßte einer anderen Untersuchung vorbehalten bleiben; – zu Jasinskis *Premier Recueil* cf. auch die zustimmende Besprechung von J. Barchilon in: *FR* 42, 1968/69, 776/777 sowie ferner H. G. Hall in: *StF* 14/1970, 501–503.

[90] Trotz Coutons einladendem Schlußsatz a. O.: « Que cet ouvrage élargisse nos perspectives et donne la plus stimulante des leçons de méthode, c'est ce que ne contesteraient pas ceux même qui se refuseraient à accepter ses conclusions intégralement. »

[91] Nicht zufällig ist Jasinski der Herausgeber einer derart konzipierten, von P. Hazard begründeten Reihe; früher « Le Livre de l'Etudiant », heute « Connaissance des Lettres » (Hatier).

[92] Der Begriff stammt von Gide und wird ursprünglich nur auf die Fabeln bezogen; bei Clarac wird er zum Titel des resümierenden Schlußkapitels; zu Clarac cf. auch oben S. 72 und Anm. 63.

[93] Eine Ausnahme stellt der *Adonis*-Aufsatz Valérys dar; ferner das La Fontaine-Buch Giraudoux'; es enthält 5 Vorträge und stellt die 'Versuchungen' dar, denen La Fontaine entgangen ist: Bürgerliches Leben, Frauen, (Hof-)Gesellschaft, die großen lit. Gattungen, Skeptizismus und Religion. Das Buch ist suggestiv und voller Sympathie für

Gegensatz etwa zu Racine ist La Fontaine nie zum methodologischen Exerzierplatz der Kritik geworden; keine der mannigfachen Richtungen der « Nouvelle Critique » hat sich seiner Fabeln oder eines anderen Werkes angenommen. Insofern ist die Fabelforschung durch die methodologische Einseitigkeit gekennzeichnet, die in den vorstehenden Kapiteln zum Ausdruck kommt, so schlüssig diese Entwicklung in sich auch ist.

Sowohl die ästhetisch orientierte wie die inhaltsbezogene La Fontaine-Kritik stellt in den Mittelpunkt ihrer Untersuchungen jeweils das Individuum La Fontaine, sei es den Künstler oder den politischen „Oppositionellen"; und vor allem die inhaltsorientierte Kritik bemüht sich um den Nachweis einer lückenlosen Kausalkette, die jede einzelne Fabel zu einem unmittelbaren Nachhall eines identifizierbaren Ereignisses oder Erlebnisses macht. Daß daraus gerade im Falle La Fontaines eine außerordentlich wünschenswerte und notwendige Aktualisierung des Werkes resultiert, konnte gezeigt werden. Insgesamt ist jedoch ein derartiges Interpretationsverfahren zu mechanistisch. Unabhängig von der Tatsache, daß mit einem derartigen Verfahren für das Verständnis der jeweiligen Form sowie der Funktion der Form nichts geleistet ist, wird auch die inhaltliche Aussage allzu rigide in ein festgefügtes System von Determinanten gezwängt, das schließlich geschichtliche Prozesse ebenso zu einer bloßen Summierung voneinander abgrenzbarer Ereignisse sowie individueller Handlungen reduziert, die ihrerseits das Ergebnis individueller Bewußtseinsakte sind. Die Richtigkeit der Goldmann'schen These immer vorausgesetzt, daß das einzelne Bewußtsein seine endgültige Ausprägung erst durch die Teilhabe an einem umfassenderen Gruppenbewußtsein erfährt,[94] heißt

---

einen 'Außenseiter' geschrieben. Giraudoux huldigt unbewußt dem Mythos des ‹ bonhomme › La Fontaine; seine Analysen sind historisch ungenau und 'essayistisch'; die philologische Forschung konnte es nicht beeinflussen und ist auch sonst ohne Wirkung geblieben.

[94] L. Goldman, *Le sujet de la création culturelle*, in: *marxisme et sciences humaines*, P. 1970 (Coll. « idées » 228), ibid. 94–120.

das, auf La Fontaine bezogen, daß die bisherigen Interpretationen, einschließlich der Jasinskis, zu personenbezogen bleiben: Hier Foucquet – dort Colbert; allenfalls: Hier Foucquetisten – dort Colbertisten.

Trotz der detaillierten Einleitungskapitel seines Werkes [95] kommt auch Jasinski über diesen Gegensatz nicht hinaus; die letztlich zu punktuelle Interpretation der meisten Fabeln ist ein deutlicher Beweis dafür. Die Einordnung des Fabelwerks in einen größeren gesellschaftsgeschichtlichen Zusammenhang, in dem der Foucquetsturz und -prozeß verstanden werden als eine entscheidende Etappe in dem allmählichen Prozeß der Entfunktionalisierung des Schwertadels und das Einsetzen Colberts als nicht revozierbarer Schritt auf dem Wege eines unaufhaltsamen Aufstiegs des Bürgertums – eine solch überindividuelle Perspektive wird von Jasinski nicht mehr mit einbezogen. Hier wäre zunächst eine neue La Fontaine-Biographie vonnöten, die das « L'Homme et l'Œuvre »-Schema transzendierte. Erst vor einem derart erweiterten Horizont könnte La Fontaines zwiespältige Stellung als Bürger im Gravitationsfeld des entmachteten Adels und des Finanzbürgertums deutlicher hervortreten; schon die erste Fabelsammlung würde sich als Ausdruck überindividueller Interessenkonflikte verschiedener miteinander rivalisierender gesellschaftlicher Gruppen erweisen. Von hierher ließe sich vermutlich die oft verwirrende, weil widersprüchliche Behandlung ein und desselben Themas, anders gesagt: der Perspektivenwechsel, vor allem in der zweiten Sammlung, erklären: Widersprüchliche Werkstrukturen könnten einsichtig gemacht werden durch Widersprüche der sozialen Position. Aufgrund der Oppositionsstellung des Adels, aber auch der im Laufe der geschichtlichen Entwicklung deutlicher zutage tretenden Opposition des gehobenen Bürgertums (namentlich der mit dem Jansenismus sympathisierenden Robe sowie des häufig hugenottischen Handels- und Finanzbürgertums) würde La Fontaines Werk nichts von seinem „Oppositionscharakter" verlieren. Ganz im Gegen-

---

[95] Cf. oben S. 77 ff.

teil; erst so verstanden, wird es voll einsichtig. Daß auch die durch « diversité » beschriebenen stilistisch-formalen Eigentümlichkeiten der Fabeln „Oppositions"funktion haben, daß in ihnen, im Gegensatz zu einer offiziellen, auf Einheit, Regelmäßigkeit, Klarheit etc. bedachten Ästhetik, die Gegenästhetik politisch oppositioneller Kreise sich manifestiert, war bereits gesagt.[96] Wie sich all dies im Werk La Fontaines konkretisiert, dies zu zeigen muß Aufgabe einer künftigen Interpretation sein.[97]

Der bisherige Einblick in die Fabelliteratur ergab das Bild eines aufmerksam an den Zeitereignissen teilnehmenden, zur offiziellen Politik Ludwigs XIV kritisch eingestellten Zeitgenossen; eines La Fontaine als « le plus grand frondeur du siècle » (Taine); als den « rêveur subversif » (Wogue); als den « opposant clandestin et tenace », dessen « contrepropagande spirituelle et tenace [...] aux projets de Colbert » (Fabre) weite Teile der 1. Sammlung kennzeichnet; als den hellsichtigen Satiriker mit dem Gespür für die umbruchhafte gesellschaftliche und politische Situation, der Teile der engagierten Literatur des kommenden Jahrhunderts vorausnimmt (Adam für die 2. Sammlung); als den « opposant », den « anarchiste paisible et non militant » (Couton); als den « adroit opposant », dessen Fabelmoral nicht die traditionelle « morale paysanne », sondern eine engagierte « morale de l'opposant » (Jasinski I 151/152) ist, der im Sturz seines Freundes und Gönners den Impuls zur Fabeldichtung gefunden hat. Daß, vom Foucquet-Erlebnis ausgehend, der ursprüngliche Impuls zur Fabeldichtung in einer kritischen Intention zu sehen ist, die sich bei längerer Beschäftigung mit der Gattung auf die verschiedenartigsten Gegenstände und Ereignisse, darunter vorwiegend auf solche mit „politischem" Inhalt richtete, darf nunmehr als gesichert angesehen werden.

---

[96] Cf. oben S. 5 ff.
[97] Cf. dazu unten S. 96 ff. die Interpretationsskizze zu IV 6 *Le Combat des Rats et des Belettes*.

g) La Fontaine – Chronist seiner Zeit

Läßt sich aber ein solches Verständnis La Fontaines überhaupt rechtfertigen? Kommt es nicht vielmehr einer Verballhornung seiner Fabeln gleich? Ist es zumindest abzusichern durch andere Äußerungen innerhalb seines Werkes? Auf eine universale Neugier und eine ausgezeichnete tagespolitische Information weisen, außerhalb seiner Fabeln, zahllose Äußerungen hin. Belege lassen sich von der frühesten Jugendzeit bis ins hohe Alter hinein aufzeigen. Aus der Fülle möglicher Beispiele seien zumindest einige besonders charakteristische angeführt: Es ist bekannt, wie mutig sich La Fontaine bei Ludwig XIV für den gestürzten Foucquet eingesetzt hat, namentlich in seiner *Ode au Roi*. Am 20. August 1662 wird der Botschafter Ludwigs XIV in Rom, der Herzog von Créqui, von den korsischen Wachen des Papstes beleidigt; unmittelbar findet der Zwischenfall Einlaß in die *Ode au Roi*, mit der La Fontaine den König bittet, seinen Zorn an den schuldigen Feinden auszulassen, nicht aber an dem unschuldigen Foucquet:

> Et Rome t'ouvre une carrière
> Où ton cœur trouvera matière
> D'exercer ce noble courroux.[98]

Ein besonders kennzeichnendes Dokument ist der Brief La Fontaines an *S.A.S. Madame La Princesse de Bavière*. Die Empfängerin ist die jüngere Schwester des Herzogs von Bouillon; der Brief richtet sich also an eine Person des Kreises, von dem Roche schreibt: « C'est aussi [...] un monde à part de la Cour. On a signalé bien souvent ce caractère d'opposition. Et de fait, tous les Mancini sont un peu frondeurs. Se souvenant d'une époque où devant leur oncle Mazarin le Roi était fort petit garçon, ils sont ravis de dauber quelquefois la Cour. » [99] Die Empfängerin möchte, daß La Fontaine

> ... lui mande en vers
> Les affaires de l'Univers.

[98] *OD* 531+902.
[99] Roche, *Vie* 208.

Der Brief wird zu einer mit Tagesereignissen prall angefüllten Chronik und könnte der *Muse historique* Lorets zur Ehre gereichen. Scherzhaft präsentiert sich La Fontaine als einer von denen,

> ... qui des affaires publiques
> Parlent toujours en politiques,
> Réglant ceci, jugeant cela
> (Et je suis de ce nombre là).

Wenig später schreibt er:

> Au moment que j'écris ces vers,
> Et m'informe des bruits divers,
> Je viens d'apprendre une nouvelle.[100]

Auch diese letzte Nachricht wird noch in den Brief eingearbeitet. Er spiegelt vorzüglich das Gesprächsklima dieses für La Fontaine so einflußreichen Kreises, in dem über mancherlei Gegenstände gesprochen wurde, selbstverständlich auch über tagespolitische Ereignisse.[101] Von ähnlicher Aktualität sind zahlreiche andere Briefe La Fontaines, namentlich der an den Prinzen von Conti aus dem Jahre 1689.[102]

Seit 1685 verkehrt La Fontaine im Hause d'Herwarth, einer Familie hugenottischer Banquiers, mit der er schon seit der Zeit Foucquets befreundet war.[103] Mehrere Mitglieder der Familie waren nach der Aufhebung des Ediktes von Nantes genötigt, ins Ausland zu flüchten. Andere entzogen sich der Diskriminierung durch die Konversion. Trotz des Unsterns, der über dem

---

[100] Alle Zitate *OD* 573–576.

[101] Zur Charakterisierung der Vielfältigkeit der Gespräche in diesem Kreis ist zu beachten: Die erste Sammlung der *Contes* soll von der Herzogin von Bouillon angeregt sein; cf. Walckenaer, *Vie et Ouvrages* 62; Michaut, *Travaux récents* 103–104; – 1669 widmet La Fontaine der Herzogin *Les Amours de Psyché et de Cupidon*, 1682 das lehrgedichthafte *Poème du Quinquina*; – cf. auch die Briefe der Herzogin in *OD* 577 ff. + 668 ff.

[102] *OD* 710–714.

[103] Jasinski, *Premier Recueil* I 142 ff.

Hause waltet, findet La Fontaine hier einen lebensfrohen Kreis.[104] 1689 schickt Vergier an Mme d'Herwarth folgendes Portrait des Dichters:

> Je voudrais bien le voir aussi,
> Dans ces charmants détours que votre parc enserre,
> Parler de paix, parler de guerre,
> Parler de vers, de vin, et d'amoureux souci,
> Former d'un vain projet le plan imaginaire,
> Changer en cent façons l'ordre de l'univers,
> Sans douter, proposer mille doutes divers;
> Non pour rêver à vous (qui rêvez tant à lui),
> Non pour rêver à quelque affaire,
> Mais pour varier son ennui.[105]

Neben den « mille doutes divers », die sich auf ebenso viele Gegenstände beziehen dürften, verdient das komplementäre Begriffspaar « paix-guerre » besondere Beachtung. Der Wunsch nach Frieden ist in dem durch ständige Kriege schließlich völlig erschöpften « Siècle de Louis le Grand » eine der wichtigsten Themenkonstanten der Fabeln.[106] D'Olivet schließlich schreibt in seiner 1729 veröffentlichten *Histoire de l'Académie française* zur Charakterisierung La Fontaines: « Mais ce qu'on ne s'imagineroit pas, il [sc. La Fontaine] faisoit ses délices de Platon et du Plutarque. J'ai tenu les exemplaires qu'il en avoit; ils sont notés de sa main à chaque page; et j'ai pris garde que la plupart de ses notes étoient des maximes de morale et de politique qu'il a semées dans ses fables. » [107]

Zur abschließenden Charakteristik darf festgestellt werden, daß kein Werk irgendeines der großen Autoren des 17. Jahr-

[104] Roche, *Vie* 333–345; – Mackey, *Friends* 160–163.
[105] Zu Jacques Vergier, 1655–1720, cf. Walckenaer, *Vie et Ouvrages* 248/249; ferner Roche, *Vie* 334: « L'Abbé Vergier, jadis son [sc. de M. d'Herwarth] précepteur [...], était le moins sérieux des abbés, avant de devenir le plus polisson des faiseurs de contes »; – das Porträt La Fontaines ibid. 337.
[106] Cf. unten S. 96 ff. zur Fabel IV 6 *Le Combat* ...
[107] Abbé d'Olivet, *Histoire* II 306.

hunderts (Boileau vielleicht ausgenommen) so viele Anspielungen und Berichte über tagespolitische Ereignisse enthält wie das Werk La Fontaines. In den meisten Fällen geschieht das im plaudernden Chronistenstil, der auch für die Gazetten der Zeit kennzeichnend ist. Andererseits gilt aber auch, was Adam schreibt: « Il multipliait les flagorneries à l'endroit des puissants, aussi nombreuses chez lui que chez aucun des hommes de lettres contemporains. » [108] Die Fabelallegorie erlaubt La Fontaine jedoch das indirekte Urteil, die verschlüsselte Bewertung all dieser Ereignisse. In verstellter Form gehen sie in die « Cryptographie » [109] des Buches ein, das er bezeichnet als

> ... le livre favori
> Par qui j'ose espérer une seconde vie.[110]

---

[108] Adam, *Histoire* IV 7/8; besonders zahlreich und penetrant sind diese « flagorneries » an die Adresse Ludwigs XIV.

[109] Couton, *Politique* 11.

[110] Fabeln VII *A Mme de Montespan*, V. 31/32; – der Ausdruck ist zweideutig: « livre favori » ist einmal das von Mme du Montespan begünstigte Buch; zum anderen ist es La Fontaines „Lieblings"-Buch; diese Bedeutung liegt näher: cf. Boileaus letzte Ausgabe seiner Werke (1701), die er als « Edition favorite » bezeichnet.

V. INTERPRETATION DER FABEL
‹ LE COMBAT DES RATS ET DES BELETTES › (IV 6)

Abschließend sei stichwortartig die Interpretation einer Fabel skizziert; dabei wird ein dreifaches Ziel angestrebt:
1. An einem konkreten Beispiel den oppositionellen Gehalt der Fabel zu verdeutlichen;
2. Die wechselnde, nicht klar zu bestimmende Perspektive La Fontaines zu zeigen und damit zugleich die Schwierigkeit einer eindeutigen Interpretation;
3. Die Funktion eines – im gewählten Beispiel – besonders auffälligen Stilverhaltens zu erörtern.

Als Textgrundlage diene die Fabel *Le Combat des Rats et des Belettes* (IV 6) [1].

Le Combat des Rats et des Belettes

La nation des Belettes,
Non plus que celle des Chats,
Ne veut aucun bien aux Rats;
4   Et sans les portes étrètes
De leurs habitations,
L'animal à longue échine
En ferait, je m'imagine,
8   De grandes destructions.
Or une certaine année
Qu'il en était à foison
Leur Roi nommé Ratapon,

[1] Die Fabel ist kein Prunkstück der üblichen Fabelanthologien; in den in der Bibl. angeführten (z. T.) kommentierten Ausgaben finden sich nur Hinweise zu den Quellen und zum Stil der Fabel; – ich beziehe mich im folgenden weitgehend auf Jasinski, *Premier Recueil* II 106–115; kaum eine Fabel wird von ihm so überzeugend in die Situation der Zeit zurückversetzt.

Mit en campagne une armée.
Les Belettes de leur part
Déployèrent l'étendard.
Si l'on croit la Renommée,
La Victoire balança :
Plus d'un Guéret s'engraissa
Du sang de plus d'une bande.
Mais la perte la plus grande
Tomba presque en tous endroits
Sur le peuple Souriquois.
Sa déroute fut entière,
Quoi que pût faire Artarpax,
Psicarpax, Méridarpax,
Qui tout couverts de poussière,
Soutinrent assez longtemps
Les efforts des combattants.
Leur résistance fut vaine :
Il fallut céder au sort :
Chacun s'enfuit au plus fort,
Tant Soldat que Capitaine.
Les Princes périrent tous.
La racaille, dans des trous
Trouvant sa retraite prête,
Se sauva sans grand travail.
Mais les Seigneurs sur leur tête
Ayant chacun un plumail,
Des cornes ou des aigrettes,
Soit comme marques d'honneur,
Soit afin que les Belettes
En conçussent plus de peur :
Cela causa leur malheur.
Trou, ni fente, ni crevasse
Ne fut large assez pour eux,
Au lieu que la populace
Entrait dans les moindres creux.
La principale jonchée
Fut donc des principaux Rats.
Une tête empanachée
N'est pas petit embarras.

	Le trop superbe équipage
52	Peut souvent en un passage
	Causer du retardement.
	Les petits en toute affaire
	Esquivent fort aisément;
56	Les grands ne le peuvent faire.

Le Combat... ist vom Aufbau her leicht überschaubar. V. 1–8 stellen einleitend die Protagonisten der Fabel vor und berichten von der grundsätzlichen, durch keinerlei rationale Begründung gerechtfertigten Feindschaft zwischen Ratten und Wieseln. Der Mittelteil, V. 9–48, zeigt den Krieg zwischen den feindlichen Parteien sowie dessen Ausgang. V. 49 ff. folgt eine doppelte Moralität: Die „Lehre" der Verse 49–53 bezieht sich unmittelbar auf das Fabelgeschehen; daran schließt sich V. 54–56 eine auf kein spezielles Beispiel bezogene allgemeine „Moral".

Wie in den meisten Fabeln der 1. Sammlung greift La Fontaine auch hier auf die äsopische Tradition zurück: Das gleiche Thema wurde von Äsop und Phädrus behandelt und findet sich in der *Mythologia Aesopica* des Nevelet in dreifacher Fassung. Doch folgt La Fontaine allem Anschein nach der Übersetzung Äsops von P. Millot [2]. Über die äsopischen Vorlagen hinaus verwendet er das pseudohomerische Kleinepos *Batrachomyomachia*. Diesem in burleskem Stil abgefaßten *Froschmäusekrieg* entlehnt La Fontaine die Namen der Rattenführer Meridarpax und Psicarpax.

Der in äsopischen Fabeln geübte Leser ist gewohnt, den Sinn der Fabel von ihrer abschließenden (oder einleitenden) Moralität her zu erschließen: Fabelcorpus und Moralität stehen meistens in einem ursächlichen Verhältnis. Auf *Le Combat...* angewendet, könnte es demnach scheinen, als sei die Fabel eine „Variation" zu *Le Chêne et le Roseau* (I 22): Der Mächtige kommt zu Fall, während der Schwache sich durch Anpassung

---

[2] Zum Quellenbefund allgemein cf. GEF I 286 ff.; – cf. ferner Esope, *Les Fables d'Esope le Phrygien*, Übers. P. Millot, Bourg-en-Bresse 1646; *Les rats et les belettes*, a. O. 214; Text bei Jasinski, a. O.

bzw. größere Geschicklichkeit zu retten weiß. Dies ist der Sinn der äsopischen Vorlagen, die alle erst mit der Flucht der besiegten Ratten einsetzen.[3] Dagegen ist La Fontaines Fabel ungleich ausführlicher: Sie zeigt die Vorgeschichte des Krieges und räumt dessen Darstellung den breitesten Raum ein. Dementsprechend steht bei ihm die Moralität auch nur in einem lockeren Verhältnis zur Fabel; sie insistiert auf einem untergeordneten Handlungsaspekt. Mittelpunkt von La Fontaines Fabel ist der Krieg, allerdings nicht dessen heroische und ruhmreiche Seite. Charakteristisch für La Fontaines Darstellung ist, daß sie keinerlei positives Element enthält; die Feindschaft zwischen Ratten und Wieseln wird nicht genauer begründet (3); daß die Wiesel den Ratten nicht eher den Garaus machen, liegt an einer unabänderbaren Naturgegebenheit (4 ff.); auch der Kriegsausbruch ist willkürlich und wird nur durch die Illusion der Ratten begründet, momentan die stärkere Partei zu sein (10). Die Schlacht selbst schließlich ist ein für beide Parteien an Toten reiches Gemetzel (17/18). Als die Entscheidung zugunsten der Wiesel gefallen ist, richtet sich La Fontaines Interesse wiederum auf einen unrühmlichen Aspekt des Krieges: Die Flucht und den Tod der Rattenführer, deren Darstellung in der 2. Hälfte des Mittelteiles einen beherrschenden Raum einnimmt. Zieht man nur diesen Teil der Fabel in Betracht, ist der Bezug zwischen Fabelkörper und Moralität, wie im Falle der äsopischen Vorlagen, schlüssig. Im Sinne der Moralität könnte die Fabel den Zweck einer Warnung an La Fontaines Freunde im Kreis des Schwertadels haben.

Eine sich mit diesem Ergebnis begnügende Interpretation würde jedoch wichtige Aussagen der Fabel unberücksichtigt lassen. Eine weitergehende Zielsetzung La Fontaines geht zunächst aus der Namensgebung der Rattenanführer hervor. In Anlehnung an den *Froschmäusekrieg* nennt er sie Artarpax, Psicarpax

---

[3] Cf. die Belege bei Nevelet, *Mythologia aesopica* a. O.; ferner Millot und Phädrus in der Übersetzung von Sacy (cf. zur Bedeutung dieser Übersetzung oben S. 69 Anm. 54.

und Meridarpax, d. h. etwa Brot-, Krümel- und Mülldieb. Gewiß hat La Fontaine diese Namen aus der *Batrachomyomachia* übernommen. Aber eine solche Übernahme ist weder willkürlich noch gar eine Sinnentleerung. Schließlich fügt La Fontaine seiner Vorlage noch einen dritten Namen hinzu. Das ist eine nicht nur stilistische Intensivierung. Statt durch die Verwendung klangvoller homerischer Namen seiner Kriegsdarstellung zumindest eine tragische Dimension zu geben, herrscht aber auch hier eine negative Perspektive vor. Die Frage erhebt sich, ob in diesen Namen nicht ein Hinweis auf die leidvollen Einquartierungen der Soldaten zu sehen ist, unter denen vor allem die einfache Landbevölkerung zu leiden hatte. So verstanden, träte ein Aspekt La Fontaines zutage, der im allgemeinen zu wenig berücksichtigt wird: La Fontaine, der Anteil nimmt am Schicksal der unteren Schichten des 3. Standes, des « menu peuple », der « petits » (54) der Moralität.[4] – Eine Identifizierung dieser Bevölkerungsschichten aber mit dem Heer (das zur damaligen Zeit vielfach aus – ausländischen – Söldnern bestand) ist nicht zulässig, selbst wenn La Fontaine sie, in Nachfolge seiner äsopischen Vorlagen, zu vollziehen scheint. Wie erklärt sich dann jedoch, daß die Darstellungen der Soldaten kaum weniger schmeichelhaft ist als die der Heerführer? Ihre Bezeichnung als « racaille » (33) und « populace » (45) verwendet bewußt abwertende und verletzende Begriffe, die zur Anteilnahme der Moralität (« les petits ») in krassem Widerspruch steht. Liegt hier ein Standortwechsel vor? Sind die Begriffe aus der Perspektive der « princes » (32) zu verstehen und zu rechtfertigen? Oder bedeuten sie, aus La Fontaines Perspektive, entsprechend der herabsetzenden Bezeichnung der Heerführer als Brot-, Krümel- und Mülldieb eine grundsätzliche Abwertung der Soldateska? Die Fabel bietet keinen Anhaltspunkt für eine endgültige Interpretation. – Eine wichtige, wenngleich nicht

---

[4] *La Mort et le Bûcheron:* « Sa femme, ses enfants, *les soldats,* les impôts [...] / Lui font d'un malheureux la peinture achevée » (I 16, 10+12) formulieren den gleichen Gedanken.

explizit formulierte „Lehre" der Fabel liegt schließlich darin, daß der Angreifer den von ihm angezettelten Krieg mit dem Leben bezahlen muß.

Vergleicht man *Le Combat* ... etwa mit *Le Lion s'en allant en guerre* (V 19) oder anderen Kriegs- und Schlachtendarstellungen der Epoche, stellt man überrascht fest, daß sie nicht ein einziges ehrenhaftes oder heroisches Detail aufweist. In ihrer Konzentration auf das Negative ist sie eine deutliche Stellungnahme gegen den Krieg als eines unter welcher Perspektive auch immer sinnlosen Geschehens.

Das spezifisch La Fontaine'sche Element dieser „Antikriegsfabel" ist jedoch ihr heterogener Charakter, ihre im Detail nicht eindeutig zu fassende Aussage: Wenn die Fabel im naiven Sinn der Moralität als eine Warnung an die «Grands» verstanden werden soll, da sie als erste damit rechnen müssen, kriegerische Unternehmungen mit dem Leben zu bezahlen, warum werden gerade sie durch ihre Namensgebung unmittelbar in Frage gestellt? Wenn das Volk wirklich der Leidtragende der Kriege ist und ihm als dem schuldlos Leidenden mit Recht die Rettung vergönnt wird, warum wird es gleichzeitig als «racaille» und «populace» abqualifiziert? Wenn durch diese Begriffe jedoch die Perspektive der «Grands» zum Ausdruck kommen soll, warum werden dann die Träger dieser Perspektive in der genannten Weise entwertet? Denn ihre Entwertung ist zugleich eine Relativierung ihrer Perspektive, die «populace» wäre dann kaum noch wahre «populace»! Trotz dieser Widersprüche wird man die Moralität einmal als Artikulation der Interessen der gesellschaftlichen Gruppe ansehen müssen, der La Fontaine herkunftsmäßig angehört; auch ihr Charakter als Warnung an die neu gewonnenen Freunde in den Kreisen der «noblesse d'épée» steht nicht in Frage. Aber auch hier tut sich ein neuer Widerspruch auf: Denn unabhängig von dem instinktiven Trieb nach Erhalt des eigenen Lebens, an den La Fontaine hier appelliert, lag doch im Kriegsgeschäft für den Schwertadel die einzig verbleibende Möglichkeit der Selbstbestätigung. «Heureusement pour la masse de la Noblesse d'épée, reste la guerre –

la guerre, que Louis XIV lui donnera à satiété », schreibt Sagnac.⁵ Die Einsicht in diesen Widerspruch dürfte auch La Fontaine nicht verborgen geblieben sein. Vielleicht findet sie in der Darstellung der heldenmütig kämpfenden Anführer der Ratten ihren Niederschlag (23–27). Aber La Fontaine formuliert sie auch unabhängig von der vorliegenden Fabel.⁶ Eindeutig an *Le Combat*... ist allein dessen gegen den Krieg gerichteter Grundtenor. In den ansonsten unauflösbaren Detailwidersprüchen offenbaren Fabel und Moralität Interessenskonflikte, hinter denen die Widersprüche von La Fontaines eigener zwiespältiger sozialer Position durchscheinen. Solche Vieldeutigkeit auf der Ebene der Fabel erhält ihren Niederschlag auch im Stil der Fabel. Es ist einsichtig, daß man in der La Fontaineschen Moralität ein Überbleibsel der äsopischen Tradition sehen muß. Im Gegensatz aber zu seinen äsopischen Vorlagen besteht bei La Fontaine ein bündiges Verhältnis zwischen Fabel und Moralität nicht; die Eindeutigkeit der äsopischen Moralität deckt die Vieldeutigkeit der La Fontaine'schen Fabel nicht mehr ab. Dieses Mißverhältnisses dürfte sich La Fontaine ohne Zweifel bewußt gewesen sein. Indem er aber die Äsop'sche Moralität beibehält, muß man darin ein bewußtes Ablenken auf einen ungefährlichen moralischen Gemeinplatz sehen. Ein solch spannungsreiches Verhältnis zwischen Fabel und Moralität läßt sich bei La Fontaine häufiger beobachten; man muß darin eines der stilistischen Mittel zur Neutralisierung der Fabelaussage sehen.⁷

⁵ Sagnac, *Formation* 35; cf. auch a. O. 27 und vor allem 105/106.

⁶ So schreibt La Fontaine im *Discours à Mme de La Sablière*, der Krieg sei zwar « une pernicieuse et maudite science », also « fille du Styx », zugleich aber auch « Mère des héros » (*Discours* 132/133, Ed. Couton S. 269); eine ähnlich zwiespältige Formulierung in *Lettre à Monsieur de Turenne* in: *OD* 578: « Grande est la gloire, ainsi que la tuerie. »

⁷ Cf. die heftigste Fabel gegen den Krieg, *Le Paysan du Danube* (XI 7), in der sich ungleich auffälliger bezeichnenderweise das gleiche Verfahren findet; doch cf. auch *Le Jardinier et son Seigneur* (IV 4) oder *Les Compagnons d'Ulysse* (XII 1).

Ein wichtigeres Mittel in *Le Combat*... ist die Verwendung des sog. burlesken Stils.[8] Ohne die Fabel unter diesem Gesichtspunkt detailliert zu analysieren, ist einleuchtend, daß die scheinbare Inadäquatheit zwischen Stilverhalten und Aussageintention, d. h. hier zwischen einem „niedrigen" Stil und einem „hohen", „epischen" Stoff eine nur schwer auflösbare Spannung erzeugt. La Fontaine hatte die burleske Stilführung in den äsopischen Vorlagen nicht vorgefunden; sie entstand bei ihm durch die Kontamination Äsops mit der *Batrachomyomachia*. Die Verwendung des burlesken Stils ist nun kein künstlerischer Selbstzweck. Das scheinbare Eigengewicht des Stilistischen, ja dessen ebenfalls nur scheinbare Übergewichtigkeit innerhalb der Fabel dienen der Kaschierung bzw. Neutralisierung des auf der Aussageebene Gesagten. Sich in einer Periode mit Elan betriebener Kriegsvorbereitungen, wie es die Jahre 1664 ff. waren, so entschieden gegen den Krieg zu äußern, bedurfte eines beachtlichen Mutes. Sich hinter einer schönen Form verbergend, die vielen späteren Interpreten als das Essentielle der Fabeln erschien, sagt La Fontaine sein mutiges Wort zu einem aktuellen Problem, dem Krieg, der je länger je mehr das zentrale Problem

[8] Boileau unterschied zwischen dem traditionellen burlesken Stil im Sinne Scarrons, in dem « Didon et Enée parloient comme des Harangeres et des Crocheteurs » und dem « Nouveau burlesque », den er sich schmeichelte „erfunden" zu haben, in dem « une Horlogere et un Horloger parlent comme Didon et Enée »; (« burlesque descendant » / « burlesque ascendant »); *Lutrin*, « Au Lecteur » (1674), in: OC 1006; – cf. vor allem Fr. Bar, *Le Genre Burlesque en France, Etude de Style*, P. 1960; ibid. zahlreiche Belege zu La Fontaine; für fabelfüllenden burlesken Stil gibt Bar keine Beispiele; H.-J. Bourguignon, *Mélange des Tons* (Bibl.) erkennt als erster den Aspekt, der auch hier hervorgehoben wird; in Anlehnung an Couton, *Politique* schreibt er: « La Fontaine s'est intéressé dans ses fables aux problèmes sociaux et politiques. Le poète naturellement les aborde à sa manière, c'est-à-dire sans en avoir l'air et en procédant par allusions à demi-transparentes. Il était tenu sans doute à quelque prudence. Il semble bien que le mélange du sérieux et du plaisant lui serve ici et là à masquer ce que la critique pouvait avoir d'audacieux », a. O. 86.

der Regierungszeit Ludwigs XIV werden wird. La Fontaine wird dies Thema immer wieder aufgreifen und sich in der Weise äußern, wie sie in *Le Combat*... erstmals zum Ausdruck kommt.

So wie sich das Ablenken der Moralität von der Fabel als bewußtes Stilverhalten mehrfach nachweisen läßt, ist auch das zuletzt analysierte Verfahren keineswegs vereinzelt. Daß es sich hier um ein extrem reflektiertes Stilverhalten handelt, sollte nicht ernsthaft in Frage gestellt werden. Die kaschierende Funktion, die dem « style burlesque » in *Le Combat*... zugewiesen wird, wird besonders evident, wenn man bedenkt, daß es die *erste* „Antikriegsfabel" der 1. Sammlung ist; doch auch die *ersten* entsprechenden Fabeln der 2. Sammlung bedienen sich vergleichbarer Mittel: *Les Vautours et les Pigeons* (VII 8/7 = style marotique) und *Les deux Coqs* (VII 13/12 = style burlesque), auch die *erste* kritische Hoffabel der 1. Sammlung, *Le Lion malade et le Renard* (VI 14) verwendet in überaus kunstvoller Weise einen antikisierenden Sprachstil. Neutralisierung der Fabelaussage durch Hinzufügen einer „unpassenden" Moralität bzw. Kaschierung der Aussage durch verfremdende Stilführung sind zwei der vielfältigen Mittel der « diversité », der hier deutlich eine Schutzfunktion zugewiesen wird. Was für den « style marotique » der *Contes* in eroticis längst erkannt ist, gilt erst recht für die frondeurhafte Fabel in politicis: La Fontaine ist ein großer « enveloppeur » [9].

---

[9] Die Qualifizierung La Fontaines als « enveloppeur » findet sich u. W. zum ersten Mal in einem Brief Bussys an Furetière in: Mme de Sévigné, *Lettres* III 927/8; ibid. zu La Fontaine *Contes*: « ... et quelque admirable *enveloppeur* qu'il soit ... »; cf. hierzu auch Brunot, F., *Histoire de la Langue française*, IV 1, 227 und 279 ff.; – die Bedeutung des « style marotique » als eines Mittels der Verhüllung hat La Fontaine selbst eingestanden und ist für die *Contes* allgemein anerkannt; cf. La Fontaine, « Avertissement » der *Nouvelles en Vers* (1665): « Le vieux langage, pour les choses de cette nature, a des grâces que celui de notre siècle n'a pas »; – cf. dazu Clarac, *La Fontaine* 56 und Kohn, *Goût* 305–310.

ABKÜRZUNGSVERZEICHNIS

ASNS – Archiv für das Studium der neueren Sprachen und Literaturen
FR – The French Revue
FSt – French Studies
IL – L'Information littéraire
IWCI – Journal of the Warburg and Courtauld Institutes
MLN – Modern Language Notes
NS – Die Neueren Sprachen
RHLF – Revue d'histoire littéraire de la France
RHPh – Revue d'histoire de la Philosophie
RRo – Revue romane
RSH – Revue des sciences humaines
StF – Studi francesi
TLL – Travaux de linguistique et de littérature
ZFSL – Zeitschrift für französische Sprache und Literatur
OD – La Fontaine, Œuvres Diverses
  Ed. P. Clarac, (Pléiade Bd. 62) P. 1958
OC – Boileau, N., Œuvres Complètes,
  Ed. A. Adam/Fr. Escal (Pléiade Bd. 188) P. 1966

BIBLIOGRAPHIE

1. Werkausgaben

Œuvres de J. de La Fontaine, Ed. H. Régnier, 11 Bde. und 1 Album, Les Grands Ecrivains de La France, P. 1883–1892.
Fables, Contes et Nouvelles, Ed. Pilon/Groos/Schiffrin (Pléiade) P. 1963.
Œuvres diverses, Ed. P. Clarac (Pléiade) P. 1958.
Fables, Ed. R. Radouant, P. 1929 u. ö.
Fables, Ed. G. Couton, P. 1962 (Garnier).
Fables, Ed. P. Michel und M. Martin, 2 Bde., P. 1964 (Les Petits Classiques Bordas).
Fables, Ed. A. Adam, P. 1966 (Garnier-Flammarion).
Contes et Nouvelles, Ed. G. Couton, P. 1961 (Garnier).
Discours à Madame de La Sablière, Commentaire littéraire et philosophique par H. Busson + F. Gohin, P. 1938, ²1950.
Rochambeau, Le comte de, Bibliographie des œuvres de Jean de La Fontaine, P. 1912.

a) Übersetzungen der Fabeln

Die Fabeln, übertragen von R. Mayr, Düsseldorf–Köln ²1964 (Diederichs Taschenausgaben Bd. 32).
Die Fabeln, Gesamtausgabe deutsch und franz., übers. v. E. Dohm, Wiesbaden (s. d.).

2. Antike und französische Fabelanthologien (chronologisch)

Corrozet, G., Fables du très ancien Esope Phrygien, P. 1542.
Haudent, G., Trois cent soixante-six apologues d'Esope, Rouen 1547.
Mythologia Aesopica, opera et studio Isaaci Nicolai Neveleti cum notis eiusdem in eadem, Francofurti 1610.

Perret, E., *XXV Fables des Animaux*, P. 1618.
Boissat, P., *Fables d'Esope phrygien moralisées* (traduites par P. B.), illustrées de discours moraux, philosophiques et politiques par J. Baudoin, P. 1633.
Baudoin, J., *Les Fables d'Esope Phrygien, illustrées de Discours Moraux, Philosophiques & Politiques*, P. ⁴1639.
Millot, P., *Les Fables d'Esope, traduites fidèlement du Grec*, Bourg en Bresse, 1646.
Audin, M., *Fables Héroïques, comprenant les véritables Maximes de la Politique et de la Morale*, P. ²1660.
Saint-Glas, P. de, Abbé de Saint-Ussans, *Œuvres de M***, contenant plusieurs fables d'Esope mises en vers*, P. 1670.
Villedieu, M.-C.-H. Desjardins, dame de Villedieu, *Fables et histoires allégoriques*, P. 1670.
Furetière, A., *Fables Morales et Nouvelles*, P. 1671.
Pilpay bzw. Bidpai, *Le Livre des Lumières* ou *La conduite des Rois*, composé par le sage Pilpay, Indien, traduit en français par David Sahid d'Ispahan P. 1694.

Phaedrus, *Fables*, Ed. A. Brenot (Belles Lettres), P. 1924.
Aesopi *Fabulae – Fables*, Ed. E. Chambry (Belles Lettres) P. 1929.
Corpus Fabularum Aesopicarum, Ed. A. Hausrath, 2 Bde., Leipzig 1940.
Äsop-Phädrus, *Fabeln von Äsop – Äsopische Fabeln des Phädrus*, ins Deutsche übertragen von W. Binder + J. Siebelis, München 1959.
Antike Fabeln, eingeleitet und neu übertragen von L. Mader, Zürich 1951, jetzt dtv, 6024 t-b, München 1973.

3. Zur Geschichte der Zeit Ludwigs XIV

Albertini, R. v., *Das politische Denken in Frankreich zur Zeit Richelieus*, Marburg 1951 (Archiv für Kulturgeschichte Beih. 1).
Braudel, F./Labrousse, E., *Histoire économique et sociale de la France*, Bd. II: 1660–1789, P. 1970.
Chatelain, U. V., *Le Surintendant Nicolas Foucquet, protecteur des Lettres, des Arts et des Sciences*, P. 1905.
Clément, P., *Histoire de la Vie et de l'Administration de Colbert*, P. 1846.

Gaïffe, F., *L'Envers du Grand Siècle*, P. 1924.
Goubert, P., *Louis XIV et 20 millions des Français*, P. 1966.
ders., *L'Ancien Régime*, Bd. I: *La Société*, P. 1971, Bd. II: *Les pouvoirs*, P. 1973.
Hubatsch, W., *Das Zeitalter des Absolutismus*, (1660–1789) Braunschweig 1962.
Lacour-Gayet, G., *L'Education politique de Louis XIV*, P. ²1923.
Lair, J., *Nicolas Foucquet*, 2 Bde., P. 1890.
Lavisse, E., *Histoire de France*, 9 Bde., P. 1903 ff., Bd. VII 1 + 2 (1906), VIII 1 + 2 (s. d.).
Méthivier, H., *Le siècle de Louis XIV* (Coll. « Que sais-je? » No. 426), P. 1966.
Mongrédien, G., *L'Affaire Foucquet*, P. 1956.
ders., *Colbert, 1619–1683*, P. 1963.
Préclin, E./Tapié, V. L., *Le XVIIè Siècle, Monarchies centralisées (1610 – 1715)*, P. 1943.
Sagnac, Ph., *La formation de la société française moderne*, 2 Bde., P. 1945.
Sagnac, Ph./Saint-Léger, A. de, *Louis XIV (1661–1715)*, P. ²1944.
Sée H., *Les idées politiques en France au XVIIè Siècle*, P. 1923.
Mongrédien/Meuvret/Mousnier/Weigert/Mandrou/Adam/Tapié, *La France au temps de Louis XIV*, Collection Ages d'Or et Réalités (Hachette), P. 1965.

4. Zur Sozial- und Geistesgeschichte der Epoche

Adam, A., *Les libertins au XVIIè Siècle*, P. 1964.
Auerbach, E., *La Cour et la Ville*, in: Vier Untersuchungen zur Geschichte der französischen Bildung. Bern 1951, ibid. 12–50.
Bénichou, P., *Morales du Grand siècle*, P. 1948 (jetzt in: Coll. « idées », Bd. 143, P. 1967).
Bray, R., *La Formation de la Doctrine Classique en France*, P. 1926 (³1963).
Busson, H., *La Religion des Classiques (1660–1685)*, P. 1948.
ders., *Le Rationalisme dans la littérature française de la Renaissance*, P. ²1957.
ders., *Littérature et théologie*, P. 1962.
Febvre, L./Martin, H. J., *L'Apparition du Livre*, P. 1958.

Groethuysen, B., *Die Entstehung der bürgerlichen Welt- und Lebensanschauung in Frankreich*, Halle/Saale 1927, 2 Bde., ²1973 Hildesheim/New York.

Hauser, A., *Sozialgeschichte der Kunst und Literatur*, 2 Bde. München 1953 (1972 Sonderausgabe in einem Band).

Hazard, P., *La crise de la conscience européene, 1680–1715*, 1935 (jetzt in: Coll. « idées », Bd. 173/174, P. 1968).

Krauss, W., *Über die Träger der klassischen Gesinnung*, in: Gesammelte Aufsätze zur Sprach- und Literaturwissenschaft, Frankfurt 1949, erstmals in: Zs. für franz. und engl. Unterr., 33, 1934, 27 ff.

Magendie, H., *La politesse mondaine et les théories de l'honnêteté en France au XVIIe siècle*, P. 1925, Genf ²1970.

Martin, H. J. *Livre, Pouvoirs et Société à Paris au XVIIe siècle, (1598–1701)*, 2 Bde., Genève 1969.

Pintard, R., *Le libertinage érudit dans le première moitié du XVIIe siècle*, 2 Bde., P. 1943.

Schneider, G., *Der Libertin. Zur Geistes- und Sozialgeschichte des Bürgertums im 16. und 17. Jahrhundert*, Stuttgart 1970 (= Studien zur Allgemeinen und vergleichenden Literaturwissenschaft, Bd. 4).

Sombart, W., *Der Bourgeois*. Zur Geistesgeschichte des modernen Wirtschaftsmenschen, Berlin 1913.

ders., *Liebe, Luxus und Kapitalismus*, Berlin 1912, jetzt dtv Bd. 458, München 1967.

5. Forschungsberichte

Becker, K., *La Fontaine im Lichte der neuesten Forschung*, in: NS 22, 1914–15, 209–221.

Chassang, A., *Essai de bilan des idées littéraires de La Fontaine*; in: IL 13, 1961, 217–225 und 14, 1962, 35–44.

Genrich, Fr., *« Bonhomme » La Fontaine; eine Neuorientierung*, in: NS 48, 1940, 36–45 und 60–65.

Loos, E., *Die franz. Literatur des 17. Jahrhunderts, Ein Forschungsbericht (1937–1957)*, in: DVjs 32, 1958, 445–469.

Marmier, J., *Les livres VII à XII des « Fables » de La Fontaine et leurs problèmes*, in: IL 24, 1970, 199–204.

Michaut, G., *Travaux récents sur La Fontaine*, in: RHLF 23, 1916, 63–106.

Raasch, A., *Die Entwicklung des La Fontaine-Bildes in Frankreich*, Diss. Kiel 1957.

6. Literatur zu La Fontaines Fabeln

Adam, A., *Histoire de la littérature française au XVIIe Siècle*, 5 Bde. P. 1949–1956.

ders., *L'Age classique I.*, *1624–1660*, P. 1968 (Litt. franç., coll. dirigée par C. Pichois Bd. 6).

Auerbach, E., *Mimesis: Dargestellte Wirklichkeit in der abendländischen Literatur*, Bern 1946 u. ö.

Biard, J., *Le style des Fables de La Fontaine*, P. 1970.

Blavier-Paquot, S., *La Fontaine, vues sur l'art du moraliste dans les Fables de 1668*, P. 1961.

dies., *Sur l'accueil que reçurent au 17e siècle les Fables de La Fontaine*, in: XVIIe siècle 73, 1966 49–57.

dies., *L'Art de louer selon La Fontaine*, in: RHLF 69, 1969, 624–630.

Boileau-Despréaux, N., *Œuvres complètes*, Ed. A. Adam – Fr. Escal (Pléiade), P. 1966.

ders., *Les premières Satires (I–IX)*, Edition critique, Ed. Adam, Lille 1941.

Bourguignon, J., *Mythologie et mélange des tons dans les fables de La Fontaine*, in: TLL 4, 1966, 81–87.

Bray, R., *Les Fables de La Fontaine*, P. 1929.

Bürger, P., *La Fontaines Fabeln*, in: Neues Handbuch der Literaturwissenschaft, Bd. 10, Ffm 1972 (=Renaissance + Barock, 2. Teil) ibid. 316–327.

Caudal, Abbé A., *Lettres de La Fontaine à sa Femme* ou *Relation d'un voyage de Paris en Limousin*, Texte établi avec introduction, notes et variantes, P. 1966.

Chamfort, N., *Eloge de La Fontaine*, in: *Œuvres choisies*, 2 Bde., P. 1892, *Eloge* ibid. I 221–266.

Champigneul, Y., *La Fontaine et les voyages par voie de terre*, in: RHLF 69, 1969, 913–934.

dies., *L'absolutisme royal. Une lecture de La Fontaine;* in: Littérature. Mélanges littèraires, Ed. J. E. Blais, Montreal 1971, 27–60.

Chupeau, J., *La Fontaine et le refus du voyage*, in: IL 20, 1968, 62–72.

Clarac, P., *La Fontaine, l'homme et l'œuvre*, P. 1947, ²1959.

Clarac, *La Fontaine et Port-Royal*, in: RHPh 11, 1943, 1–31 und 147–171.

ders., *L'inquiétude de La Fontaine*, in: IL 1, 1949, 5–9.

ders., *Variations de La Fontaine dans les six derniers livres des Fables*, in: IL 3, 1951, 1–9.

ders., *La Fontaine vers 1660*, in: XVIIè siècle 1961, 21–42.

ders., *L'Age classique II, 1660–1680*, P. 1969 (Litt. franç., coll. dirigée par C. Pichois, Bd. 7).

Collinet, J. P., *Le monde littéraire de La Fontaine*, P. 1970.

Couton, G., *La Poétique de La Fontaine*, P. 1957.

ders., *La Politique de La Fontaine*, P. 1959.

ders., *La leçon politique d'une fable*, in: IL 12, 1960, 71 + 72.

Delassault, G., *Le Maître de Sacy et La Fontaine, traducteur de Phèdre*, in: RSH 1952, 281–294.

Dithmar, R., *Die Fabel*, Paderborn 1971 (UTB 73).

Europe; Revue Littéraire Mensuelle, 50, 515 März 1972, Div. Autoren; Sonderband zu La Fontaine.

Fabre, J., *L'Aventure et la Fortune dans les Fables de La Fontaine*, in: Bulletin de la Faculté des Lettres de Strasbourg 29, 1950/51, 313–327.

Girardin, S. M., *La Fontaine et les Fabulistes*, P. 1867, 2 Bde.

Giraudoux, J., *Les cinq Tentations de La Fontaine*, P. 1938.

Gohin, F., *L'Art de La Fontaine dans ses Fables*, P. 1929.

ders., *La Fontaine, Etudes et Recherches*, P. 1937.

Gowan, M.Mac., *Moral intention in the Fables of La Fontaine*, in: JWCI 29, 1966, 264–281.

Grimm, J., *Le Pouvoir des Fables; Ein Beitrag zur Ästhetik der La Fontaine'schen Fabel*, in: ZFSL 80, 1970 28–43.

ders., *Zum Druckprivileg von La Fontaines zweiter Fabelsammlung*, in: ASNS 207, 1970, 106–109.

ders., *Interpretationsmodelle zu La Fontaines Fabel ‹ Le Chêne et le Roseau ›*, in: NS 2, 1974, 144–156.

Hanlet, Abbé C., *Initiation aux Fables de La Fontaine*, Bruxelles 1948.

Jasinski, R., *Sur la Philosophie de La Fontaine dans les livres VII à XII des ‹ Fables ›*, in: RHPh, Nouv. Série 1, 1933, 316–330 und 2, 1934, 218–242.

ders., *La Fontaine et le Premier Recueil des « Fables »*, 2 Bde., P. 1966 – dazu G. Couton in: RHLF 68, 1968, 845–851, – ferner Verf. in: ASNS 207, 1970, 233–238.

Kleukens, C. H., *Das Buch der Fabeln*, Leipzig ²1920, eingeleitet von O. Crusius „Aus der Geschichte der Fabeln", S. I–LXIII.

Kohn, R., *Le goût de La Fontaine*, P. 1962.

Kožešník, K., *Kunstproblem und Moral in La Fontaines Fabeln*, in: ZFSL 56, 1932, 479–490.

Lapp, J. C., The Esthetics of Negligence; *La Fontaine's Contes*, Cambridge 1971.

Larocque, J., *Les poètes devant le pouvoir, Jean de La Fontaine*, in: La Nouvelle Revue 5, 1880, 553–583, – dass. geringfügig verändert in: *La plume et le pouvoir au 17è siècle*, P. 1888, 294–327.

Leibfried, E., *Fabel*, Stuttgart ²1974 (Sammlung Metzler Bd. 66).

Mackey, A. E., *La Fontaine and his friends, a biography*, London 1972.

Mattauch, H., *Die Literaturkritik der frühen literarischen Zeitschriften (1665–1748)*, München 1968.

Menjot d'Elbène, S., *Madame de La Sablière*, P. 1923.

Meuli, K., *Herkunft und Wesen der Fabel*, Basel 1954.

Michaut, G., *La Fontaine*, 2 Bde., P. 1913-14.

Mongrédien, G., *La vie littéraire au 17è siècle*, P. 1947.

ders., *Recueil des textes et des documents du 17è siècle relatifs à La Fontaine*, P. 1973.

Moreau, P., *Thèmes et variations dans le premier recueil des Fables de La Fontaine*, P. 1960.

Mornet, D., *Histoire de la littérature française classique*, P. 1940.

Mourgues, O. de, *La Fontaine et la distance poétique*, in: IL 20, 1968, 103–108.

Nies, F., *Gattungspoetik und Publikumsstruktur*, München 1972.

Nøjgaard, M., *La Fable antique*, 2 Bde., Kopenhagen 1964 und 1967.

Olivet, Abbé D', *Histoire de l'Académie française*, Ed. Livet, 2 Bde., P. 1858, La Fontaine ibid. II 296–311.

Petit, L., *Autour du procès Foucquet; La Fontaine et son oncle Jannart sous la griffe de Colbert*, in: RHLF 47, 1947, 193–210.

ders., *A propos d'une fable de La Fontaine, Quimper-Corentin, lieu d'exil*, in: RHLF 51, 1951, 468-471.

Richard, N., *La Fontaine et les Fables du deuxième recueil*, P. 1972.

Roche, L., *La Vie de Jean de La Fontaine*, P. ²1913.

Sainte-Beuve, C. A., *La Fontaine*, in: *Portraits littéraires*, (= Œuvres, 2 Bde., Ed. M. Leroy, Pléiade, P. 1956, I 696–720.

ders., *La Fontaine*, in: *Lundis*, Bd. VII 518–536.

Schober, R., *Die klassische Doktrin*, in: *Von der wirklichen Welt in der Dichtung*, Berlin/Weimar 1970, ibid. 137–165.

Sévigné, Marie de Rabutin-Chantal, Marquise de, *Lettres*, 3 Bde., Ed. Gérard-Gailly, (Pléiade), P. 1953 ff.

Spitzer, L., *Die Kunst des Übergangs bei La Fontaine*, in: Modern Language Association 53, 1936, 394–433, hier zitiert nach Neuabdruck in: *Romanische Literaturstudien*, Tübingen 1959, 160–209.

ders., *J. de La Fontaine: Le Meunier, son Fils et l'Ane* und *Les deux Pigeons*, in: *Interpretationen zur Geschichte der frz. Lyrik*, Heidelberg 1961, 62–95.

Spoerri, Th., *Der Aufstand der Fabel*, in: Trivium 1, 1942, 31–63.

Stierle, K., *Poesie des Unpoetischen; Über La Fontaines Umgang mit der Fabel*, in: Poetica 1, 1967, 508–533.

Taine, H., *La Fontaine et ses Fables*, P. [9]1883.

Valéry, P., *Au sujet d'Adonis*, in: Œuvres, Bd. 1 (Pléiade), P. 1957 474–495.

ders., *Oraison funèbre d'une fable*, ibid. 495–498.

Voßler, K., *La Fontaine und sein Fabelwerk*, Heidelberg 1919.

Wadsworth, Ph. A., *Young La Fontaine, A study of his artistic growth in his early poetry and his first fables*, Northwestern Uni. Press. 1952.

ders., *La Fontaine's theories on the fable as a literary form*, in: *Rice University Studies* LVII 2, 1971, 115–127.

Walckenaer, C. A., *Histoire de la Vie et des Ouvrages de Jean La Fontaine*, P. 1820.

Winkler, E., *Les animaux malades de la peste, La Fontaine und Bossuet*, in: Neuphilologische Monatsschrift 10, 1939, 217–235.

Wogue, J., *Les idées politiques et sociales de La Fontaine*, in: Revue bleue 71, 1933, 529–533 und 558–562.

Žmegač, V., *Methoden der deutschen Literaturwissenschaft*, Ffm [2]1972 (FAT 2001).

REGISTER

A hinter einer Zahl bedeutet, daß der jeweilige Name (bzw. die jeweilige Sache) in einer Anmerkung der entsprechenden Seite erwähnt wird.

1. Namen

Abstemius 1 A
Adam, A. VIII f. X A. 3 A.
 16 A. 50. 60 f. 62 ff. 72. 75 ff.
 80. 82 ff. 91. 95 f.
Appleton, Ch. 55 A
Archilochos 24
Ariost, L. 51
Aristoteles 23 f.
Äsop 1 A. 4 A. 17. 24 ff. 36.
 39 f. 42. 56. 63 ff. 75. 79. 98 f.
 100. 102 ff.
Audin, M. 33 ff.
Auerbach, E. X A. 6 A

Babrius 1 A
Baillet, A. 3 ff.
Balzac, H. de 49 A
Bar, Fr. 103 A
Barbin, Cl. 2 f.
Barchilon, J. 88 A
Batany, J. 87 A
Baudoin, J. 31 ff.
Becker, Ph. A. 29 A
Béranger, P. J. de 49
Bernier, Fr. 66
Beugnot, B. 16 A
Biard, J. 14 A. 16 A. 18 A

Blavier-Paquot, S. 3 A. 16 A.
 18 A
Boccaccio, G. 51
Boileau, N. VII. 5 f. 18. 22 ff.
 62 f. 75. 95 f. 103 A
Bornecque, P. 86 ff. A
Bouillon, M. A. Mancini,
 Duchesse de 6. 92 ff.
Bourguignon, H.-J. 103 A
Braudel, F. X A
Bray, R. 39. 60 ff. 76
Brunot, F. 104 A
Bürger, P. 87 f.
Busson, H. 66 f. 72
Bussy, R. de Rabutin, Comte de
 4. 104 A

Castro, A. 84 A
Caudal, Abbé A. 66 A
Cervantes, M. de 84 A
Chamfort, N. 27 A
Champigneul, Y. 87 A
Chapel d'Espinassoux, G. de
 46 A. 55 A
Chapelain, J. 39 ff.
Chauveau, Fr. 1. 68
Cicero 23 f.

Clarac, P. VIII f. X A. 17 ff.
50 f. 61 f. 63 ff. 66 A. 69 A.
72 f. 76. 88 f. 104 A
Colbert, J. B. 60 A. 69. 74 ff.
77 ff. 80 ff. 90 ff.
Collinet, J. P. 14 A. 15 ff. 18 A.
87 A
Collot, D. 45 A
Condé, Louis II de Bourbon,
Prince de 6. 83 A
Conti, François-Louis, Prince de
93
Corneille, P. 27 A
Corrozet, G. 30 f.
Couton, G. 8 f. 15 A. 50 f. 69 ff.
75 ff. 83. 87 A. 91. 95 A. 102 ff.
Croce, B. 55
Crusius, O. 24 f.
Curtius, E. R. 4

Delassault, G. 69 A
Demosthenes 34
Diderot, D. 41
Dithmar, R. 27 A
Dorat, C.-J. 42 ff.
Dreyfus, A. 78 A
Durand, M. 55 A

Elias, N. X A
Emmerich, K. 27 A

Fabre, J. 50 f. 74 ff. 82 A. 91
Febvre, L. 1 A. 68 A
Fénelon, Fr. de Salignac de La
Mothe 3 ff.
Filosa, C. 26 A
Firth, Ch. 85 A
Foucquet, N. VII ff. 6 f. 21 A.
69 f. 77 ff. 80 ff. 90 ff.

Freudmann, F. R. 72 A
Furetière, A. 2 f. 4 f. 35 f. 59.
104 A

Garnier, L. 17 A. 58 A
Gide, A. 88 A
Giraudoux, J. 88 A
Gmelin, H. 47 A
Goethe, J. W. von 85 A
Gohin, F. 3 A. 9 ff. 14. 20 A.
66 A
Goldmann, L. 89 f.
Guillon, N. S. 43 A

Hausrath, A. 26 f.
Hall, H. G. 88 A
Hazard, P. 61. 88 A
Henri II, frz. König (1529–1559)
30 f.
Herwarth, de 93 ff.
Hesiod 24
Hitler, A. 45 A
Homer 24. 36. 100
Horaz 11. 18. 23. 39. 51. 57
Hubatsch, W. X A

Jansens, J. 26 A
Jasinski, R. X A. 64 A. 66 f. A.
69 ff. A. 72. 76 ff. 86 ff. 90 ff.
93 A. 96 A. 98 A
Jauss, H. R. 18 A. 28 ff.
Jeune, S. 47 A. 50 A. 71 f.

Kleist, H. von 53 A
Kleukens, C. H. 24 A
Knoche, U. 11 f.
Kohn, R. 15 ff. 18 A. 104 A
Kožešník, K. 10 ff.
Krauss, W. X A. 6 ff. 20 A

Labrousse, E. X A
La Bruyère, J. de 3 ff. 18 f.
La Fare, Ch.-A., Marquis de 66
Lapp, J. C. 16 A
La Rochefoucauld, Fr. VI, Duc de 13 A. 40
Larocque, J. 55 ff. 60. 76
La Sablière, M. Hessein, Dame de 61 f. 65 ff. 73. 102 A
Lazarowicz, K. 85 A
Leibfried, E. 26 A
Le Maître de Sacy, I. L. 2 A. 69 A. 99 A
Lesky, A. 24 f.
Lindner, H. 16 A
Levrault, L. 26 A
Lorenzi, A. de 26 A
Loret, J. 93
Ludwig XIV, frz. König (1638–1715) 6. 44. 50 ff. 54 A. 57. 59 f. 63. 78 A. 91 ff. 95 A. 104
Lukács, G. 19 f.

Maas, J. Y. 45 A
Mackey, A. E. X A. 94 A
Magendie, H. 6 A
Marie de France 28 f.
Marmier, J. 2 A. 16 A. 86 A
Marot, Cl. 4 ff. 29 f.
Martin, H. J. 1 A. 68 A
Maucroix, Fr. de 3 ff. 77
Mazarin, J. Kardinal 92
Menard, L. 3 A
Menjot, A. 66
Méthivier, H. X A
Michaut, G. 58 A. 60 ff. 93 A
Millot, P. 98 ff.
Mnennius Agrippa 34
Molière VII. 27 A. 49. 51

Mongrédien, G. 3 A
Montespan, Marquise de 37. 65. 85. 95 A
Montesquieu 65
Moreau, P. 14 ff. 17 A
Morel, J. 16 A
Mourgues, O. de 16 A. 18 A
Mousnier, R. X A

Naigeon, J. A. 41 ff.
Nevelet, I. N. 1 f. 36 A. 99 A
Nies, F. 6 f. 16 A. 21 A
Nøjaard, M. 25 A. 26 A

Olivet, Abbé D' 94 f.

Patru, O. 22 f. 70 f.
Paulus Diaconus 27 ff.
Périvier, J. H. 16 A
Perrault, Ch. 3 ff.
Petron 51
Phädrus 1 A. 4 A. 8. 25 ff. 38. 42. 69 f. 98 ff.
Pilpay bzw. Bidpay 32 ff. 42.
Platon 34. 36. 94
Plutarch 94

Quintilian 23 f. 26 f.

Raasch, A. 41 A. 44 A
Rabelais, Fr. 5 f. 49. 51
Racine, J. de VII. 5 f. 27 A. 51. 89
Radouant, R. 58 ff. 67. 76. 82 ff.
Rapin, le Père René 23
Régnier, H. 9 f.
Richard, N. 87 A
Richelet, P. 4 A. 59
Robespierre, M. M. J. de 43 A

Rochambeau, Le Comte de 1 A
Roche, L. X A. 10 A. 58 f. 70 A. 92 A. 94 A
Rohde, E. 25 A
Ronsard, P. de 4. 85

Sagnac, Ph. X A. 102 f.
Saint-Cloud, P. de 29
Saint-Gelais, M. de 4
Saint-Glas, P. de 2. 3 A
Saint-Marc Girardin 10 A. 46 ff. 52
Saint-Simon, L. de Rouvray, Duc de 49 A
Sainte-Beuve, Ch. A. 9 ff. 20 f. 51. 56. 60. 84
Sarrazin, J. Fr. 5 f.
Scarron, P. 103 A
Schirokauer, A. 27 f.
Séguier, P. 34
Seian, L. A. Seianus 26
Semonides 24
Seneca 26
Sévigné, M. de Rabutin-Chantal, Marquise de 3. 20 A. 104 A
Siegfried, A. 45 A. 71 f.
Sokrates 25 A. 36
Soriano, M. 86 A
Spitzer, L. 11 ff. 19. 85 f.
Spoerri, Th. 24 ff.

Stierle, K. 17 A
Swift, J. 85 A
Sykes, L. C. 71 A

Taine, H. 17. 46 ff. 54 f. 56. 63 ff. 71 ff. 75. 88. 91
Tiberius, Cl. N. 26
Turenne, H. de la Tour d'Auvergne, Vicomte de 102 A

Valéry, P. 10 f. 84. 88 A
Vergier, J. 94 f.
Viau, Th. de 62 A
Villedieu, M. C. Desjardins, Dame de 2. 3 A
Voiture, V. 5
Voltaire 41 f. 49. 51. 65
Voßler, K. IX. 9 f. 13 f. 17. 49 ff. 52 ff. 58 A. 60 ff. 69 f. 81 f.

Wadsworth, Ph. A. 15 ff. 69 f. 71 A
Walckenaer, C. A. X A. 46 f. 81 f. 88. 93 ff. A
Winkler, E. 14 f.
Wogue, J. 59 ff. 67. 76. 82. 91

Žmegač, V. 13 A. 18 A

2. Sachen (Auswahl)

allegorischer Charakter der Fabel 30 f. 31 f. 37. 39. 44 ff. 59 ff. 67. 78. 82 ff. 95.
Beginn der Fabelproduktion 63. 68 ff.

diversité, Ästhetik der 4. 6 ff. 20 ff. 91 f. 104.
formal-ästhetische Würdigung der Fabeln VIII. IX. 1 ff. 8 ff. 53 ff. 78.

Funktion der Fabel VIII. 8.
19 ff. 24 ff. 29. 30. 31 ff.
36. 39 f. 56 f. 64 ff. 70. 77 ff.
90 f.
gehaltliche Würdigung der Fabel
IX f. 41 ff.
handschriftliche Fassungen 20.
26 A. 69 f. 77 ff. 83 f.
Kinderlektüre VIII. (8). 26. (29).
34. 63. 68 ff. 84 ff.

literarische Kleinform 19 ff. 91 ff.
Moralität, Fabelmoral 9. 12. 14.
50. 54. 64 f. 79 f. 91. 98 ff.
102 f. 104
Perspektivewechsel VIII. 65. 90 f.
100 ff.
Primärpublikum VII. 1 ff. 5 ff.
9. 17. 20 ff. 67. 75. 82
Satire, Sozialkritik 10. 24 ff.
30 ff. 47. 52. 53. 65. 70

Aus dem weiteren Programm

ROMANISTIK

Buck, A. (Hrsg.): Petrarca. (WdF, Bd. 353) **Nr. 5723**

Buck, A. (Hrsg.): Rabelais. (WdF, Bd. 284) **Nr. 4964**

Dante Alighieri: Über das Dichten in der Muttersprache. **Nr. 3482**

Engler, W. (Hrsg.): Der französische Roman im 19. Jh. (WdF, Bd. 392) **Nr. 6176**

Frederick, H. (Hrsg.): Italienischer Parnaß, Dichtung aus sieben Jahrhunderten. **Nr. 6175**

Heiss, H.: Molière. **Nr. 4066**

Keller, A. von (Hrsg.): Amadis, Erstes Buch. **Nr. 2469**

Krauss, W.: Literatur der französischen Aufklärung. (EdF, Bd. 9) **Nr. 5439**

Krömer, W.: Die französische Romantik. (EdF, Bd. 38) **Nr. 6174**

Monte-Major, H. J. de: Diana. **Nr. 4764**

Rötzer, H. G.: Picaro — Landtstörtzer — Simplicius. Studien zum niederen Roman in Spanien und Deutschland. (IdF, Bd. 4) **Nr. 6186**

Schlette, H. R.: Wege der deutschen Camus-Rezeption. (WdF, Bd. 451) **Nr. 6693**

Sieburg, H. O.: Grundzüge der französischen Geschichte. (Grundzüge, Bd. 6) **Nr. 3583**

Stürzinger, J. (Hrsg.): Orthographia Gallica. Ältester Traktat über französische Aussprache und Orthographie. **Nr. 3521**

Theile, W.: Racine. (EdF, Bd. 26) **Nr. 4965**

Theis, R.: André Gide. (EdF, Bd. 32) **Nr. 6178**

Theisen, J.: Die Dichtung des französischen Symbolismus. (EdF, Bd. 31) **Nr. 6179**

Wais, K.: Interpretationen französischer Gedichte. (Ars interpretandi, Bd. 3) **Nr. 4057**

WISSENSCHAFTLICHE BUCHGESELLSCHAFT
61 Darmstadt   Postfach 1129

Wolfram Krömer

DIE FRANZÖSISCHE ROMANTIK

1975. 130 S., kart. Nr. 6174
Reihe: Erträge der Forschung, Bd. 38

Die französische Romantik hat die weitere Entwicklung der französischen Literatur und daher unter anderem die Eigenart des Realismus und der Dekadenzliteratur in Europa entscheidend bestimmt. Die Literatur dieser Epoche war daher Gegenstand geistesgeschichtlicher, soziologischer, marxistischer und anderer Untersuchungen. Der vorliegende Band soll die wichtigsten Bestimmungen, Erklärungen und Wertungen der Romantik in Frankreich und die ihnen zugrundeliegenden Ansätze skizzieren und dann selbständig eine Beschreibung der Romantik in ihrer Eigenart und Bedeutung geben; der Autor versucht dabei, die der Fragestellung gemäße Methode zu entwickeln. Es werden die Entwicklung der Gattungen, das Verhältnis zwischen Literatur und Gesellschaft und andere wichtige Probleme behandelt. Diese Untersuchung führt daher nicht nur in die Literatur der Romantik ein, sondern fordert auch zur Auseinandersetzung mit ihr und mit den Forschungsmeinungen heraus.

Zur Person des Autors:
Professor für Romanische Philologie an der Universität Innsbruck. Geb. 1935, Studium in Bonn, Dijon, Köln, Genua; Lektor in Valencia; Assistent (Vergleichende Literaturwissenschaft) in Saarbrücken. Werke: 'Zur Weltanschauung, Ästhetik und Poetik des Neoklassizismus und der Romantik in Spanien' (1968); 'Die französische Novelle im 19. Jahrhundert' (1972); 'Kurzerzählungen und Novellen in den romanischen Literaturen bis 1700' (1973).

WISSENSCHAFTLICHE BUCHGESELLSCHAFT
61 Darmstadt   Postfach 1129